本书为2013年陕西省社会科学基金项目
（后期资助项目：13HQ020）

张晓宁 著

技术接近、地理位置与产业集聚的技术溢出研究

Jishujiejin Dililweizhi Yu Chanyejiju De Jishuyichu Yanjiu

中国社会科学出版社

图书在版编目(CIP)数据

技术接近、地理位置与产业集聚的技术溢出研究 / 张晓宁著. —北京：中国社会科学出版社，2015.1
ISBN 978-7-5161-5219-5

Ⅰ.①技… Ⅱ.①张… Ⅲ.①外商直接投资—技术转移—研究 Ⅳ.①F831.6

中国版本图书馆 CIP 数据核字(2014)第 297531 号

出版人	赵剑英
责任编辑	周晓慧
责任校对	周晓慧
责任印制	戴 宽

出　版	中国社会科学出版社
社　址	北京鼓楼西大街甲 158 号（邮编 100720）
网　址	http://www.csspw.cn
	中文域名：中国社科网　010-64070619
发行部	010-84083685
门市部	010-84029450
经　销	新华书店及其他书店
印　刷	北京君升印刷有限公司
装　订	廊坊市广阳区广增装订厂
版　次	2015 年 1 月第 1 版
印　次	2015 年 1 月第 1 次印刷
开　本	710×1000　1/16
印　张	11.5
插　页	2
字　数	201 千字
定　价	39.00 元

凡购买中国社会科学出版社图书，如有质量问题请与本社联系调换
电话：010-84083683
版权所有　侵权必究

序

　　新经济地理学把经济学带入更宽广的研究空间和更大的区域范围。以克鲁格曼为首的一些学者，对交通运输成本给予了高度关注，但这种交通运输成本更多地体现在区域之间，而对区域内部（中心地区）的运输成本则忽略不计。随着城市的扩张，城市内部的运输成本（无论是马歇尔、克鲁格曼、亨德森的狭义运输成本，还是藤田更为广泛的运输成本）增长迅速，城市内部的问题越来越突出，这可能会成为影响产业集聚或分散的主要力量。因此，把产业集聚问题从以往大的区域范围的研究转移到小范围的研究很有必要。

　　《技术接近、地理位置与产业集聚的技术溢出研究》是在小范围内研究产业集聚问题的，其主体框架是从技术溢出和地理位置两方面对产业集聚问题展开探讨。该书是作者对博士论文的修正与补充。张晓宁是我指导的博士，最近找到我说准备出版博士论文，让我给她的书作序。我这个人从来不给别人的书写序，可能是水平因素，也可能是性格方面的原因，但考虑到张晓宁在西北大学本科、硕士、博士学习经济学10年，以及她的进取、严谨与睿智，我便欣然答应了。她2011年博士毕业，3年后再次读到其论文时，她已把博士论文修改成书稿，并做了很大的改动，对问题的分析更加透彻，也更具可读性。《技术接近、地理位置与产业集聚的技术溢出研究》从研究视角方面重点分析了在不同集聚区内不同市场结构下企业间、产业间和产业内技术溢出差异问题；在理论运用方面，注重产业经济学、区域经济学、城市经济学和空间经济学的联系与融合，从多学科、多角度交叉综合分析和研究问题；在研究方法方面，既从微观企业层面研究企业间的技术溢出，又从中观层面研究产业间和产业内的技术溢出。与以往研究不同的是，她把产业间和

2 技术接近、地理位置与产业集聚的技术溢出研究

产业内技术溢出纳入同一个模型，在同一模型中比较技术溢出的差异，从而在政策含义方面更具有解释性和操作性。仔细阅读书稿，觉得在内容上有以下三个方面值得一提：

第一，拉大了研究框架。在博士论文里她做的框架小而紧凑，书稿则在博士论文的基础上，又增加了一些内容，是一些很有意义的补充。第 1 章和第 2 章对一些典型集聚区和集聚案例的介绍，让读者对产业集聚有了初步的印象，而这些感性的印象会引发更多人的理性思考。

第二，研究问题更加深入。比如通过对产业集聚的优势和发展困境的分析，提出产业集聚持续发展的动力来源问题；又如在城市精明增长的理念下探讨产业集聚政策问题等，让政策制定有了目标和约束条件，这是对产业集聚问题不断思考和认识不断成熟的体现。

第三，语言更加轻松活泼。从集聚的现象和事实出发，能够引人入胜，可读性增强了，不再像以前的博士论文那样坚硬晦涩，毕竟书的读者要比博士论文的读者宽泛得多，这是一个很好的改变。

《技术接近、地理位置与产业集聚的技术溢出研究》有两点创新非常重要：

第一，从技术接近的角度研究了产业集聚的企业间、产业内与产业间技术溢出；从地理位置角度，以国家级高新技术产业开发区为例，分析了技术溢出在高新技术产业和传统产业之间的溢出效应，研究了产业集聚与区域经济增长的关系。这其实是对不同动因下产业集聚模式以及效应的检验，这样的研究角度来源于对现实的观察和思考。韦伯（Weber）认为，产业集聚是源于各种因素的集中和彼此相互作用所带来的经济收益、成本节约动机下的产业集中，克鲁格曼认为，产业集聚就是大量的产业集中。产业集聚在一起，其实不是简单的事情，至少不是表面上看起来那么简单的事情。因何而聚，会朝什么方向发展，对社会、经济和人们生活的影响等都值得充分研究。

第二，在城市精明增长的理念下探讨政府在促进不同模式下产业集聚的技术溢出最大化方面的功能与责任，为产业集聚政策的制定提供了坚实的理论基础，并且与城市经济学视角相呼应。城市经济学认为，产业集聚及其所导致的集聚经济是城市规模扩大的主要原因；新经济地理学从市场需求的角度切入，认为市场规模大的地区总能够吸引更多的企

业在此集中，发生产业集聚的地方正是市场规模较大的地区。是产业集聚导致了城市规模的扩大，还是市场规模导致了产业集聚，这二者之间是有差异的，这种差异对城市发展模式和城市生产率的影响是不一样的。该书一直聚焦于城市经济学意义上的产业集聚研究，因此，引入城市精明增长的理念很有意义，虽然论述并不多，也不深入，大多还停留在概念的引入和理论的介绍方面，但提出在精明增长路径上实现产业集聚，把城市发展与产业集聚有机结合起来，对城市和产业发展的研究都是有益的。

该书对城市经济学意义上的产业集聚问题作了深入的研究，现象的观察与描述，理论的思考与反思，实证的分析与检验，以及技术接近与地理位置的角度，研究工作量大，视角多面但又逻辑一致。不过，从更高的要求来看，其实也存在一些不足：一是微观层面的实证研究有待进一步深入。比如在第 4 章中对产业内技术溢出的研究，产品间的技术溢出和同一产品代际间的技术溢出在理论上是存在的，但在实证方面并未进行检验。微观层面的数据收集虽然比较困难，但是，这些重要而有意义的问题要深入研究下去，对微观层面数据的收集与挖掘还要下大工夫。二是对产业集聚的技术溢出最优解问题的研究还不够深入。在产业集聚政策设计方面是依靠市场化规制还是非市场化规制更有利于促进产业集聚的技术溢出最大化，这不仅仅是理论分析和实证检验的问题，更需要对大量现实的观察，在这方面的研究仍需努力。

上述两方面的研究不足也只是本人的一些理解。虽然如此，本书仍然是一部认真探讨产业集聚问题的学术著作，在对现实的观察和反思方面，在文献的梳理方面和对集聚政策的探索方面，以及逻辑一致性方面都可圈可点。

惠 宁[*]

西安 西北大学

2014 年 7 月 26 日

---

[*] 惠宁 西北大学经济管理学院教授，博士生导师。

自　　序

在现实中，中国产业集聚现象和趋势越来越显著，在这个过程中，集聚的优势被直接或间接地分享。但是，集聚的问题也相伴而生，很多集聚区内作为产业集聚核心竞争优势的专业化分工、创新等尚未得到充分体现，集聚发展的困境不断凸显。除了分享正的外部性以外，突破发展困境，持续集聚趋势的动力来自何处？是技术溢出吗？

在理论上，新古典增长理论是建立在规模报酬不变和地区发展收敛假说的基础之上的，因此，它无法令人信服地解释生产函数中代表技术进步的内部机制，也无法解释产业在空间上越来越显著的集聚现象。随着内生增长理论和新地理经济学的发展，以往文献对集聚经济的研究大致可以分为两派：一派认为，即使高科技产业，技术外溢也不应被假定为产业定位的典型理由；而另一派认为，知识外溢是高科技企业集群形成的显著原因。无论从理论还是经验的角度来看，解释产业集聚现象和经济增长的不平衡性需要重新认识技术外溢和空间范围的重要性以及二者之间的关系。

在现实和理论的启发下，很多问题值得思考：一是在以信息化和高新技术为主要特征的新经济形势下，关于产业集聚的研究，技术外部性还应该被长期忽视吗？二是与新古典增长理论不同，内生增长理论和新地理经济学都假定规模报酬递增，在产业集聚过程中，规模报酬递增的主要来源是什么？三是在产业集聚的过程中，技术溢出在不同的行业、不同的市场结构下是否存在差异？如何实现技术溢出最大化，并提升企业对技术溢出的吸收能力？四是政府在产业集聚过程中应该发挥什么样的作用，如何制定有效的产业政策，引导和规制产业在空间上的集聚，提升技术溢出效应和企业技术溢出的吸收能力？带着这些疑惑，我完成

2　技术接近、地理位置与产业集聚的技术溢出研究

了博士论文，并顺利通过答辩。

如果仔细观察会发现，产业集聚和产业分散都有明显的趋势，产业空间位置的变化给城市规模带来了很大影响，运输成本、专业化分工再次成为产业研究不可回避的问题。产业到底应该怎样集聚？城市应该如何发展？带着新的问题，本书在博士论文的基础上做了较大的改动，从技术溢出的角度对产业集聚的动力源泉进行了分析，从城市经济学意义上对集聚的技术溢出效应的不同层面做了细致入微的研究，在城市精明增长的理念下研究了不同的产业政策和产业规制方式对产业集聚的技术溢出影响。

本书的研究内容主要分为四大方面：

1. 产业集聚的概述。从国内外产业集聚的现状和事实出发，揭示了这些现象背后是否真的具有一般意义上的产业集聚效应，总结了集聚的优势，集聚发展过程中存在的困境，并从技术溢出的角度分析了持续集聚趋势的动力来源问题。

2. 技术接近：企业间、产业间及产业内技术溢出研究。第一，从产品和空间差异化两方面研究产业集聚的企业间技术溢出问题，同一集聚区内，企业的技术溢出受市场结构和产品差异化程度的影响。在不同的市场结构下，企业会选择不同的投入和生产策略，因而会影响企业间的技术溢出效应。

第二，以电子及通信设备产业为例，从同类产品间的技术溢出和同一产品的代际间技术溢出两方面对产业内技术溢出进行研究，探讨在产业集聚的过程中，同类产品间是否存在技术溢出，以及技术溢出是否存在于同一产品的更新换代之间？如果技术溢出因技术接近而存在，那么同类产业的集聚模式是否应成为普遍现象？

第三，按照OECD对高技术产业统计分类的方法，从技术水平差距、溢出吸收方的技术吸收能力以及技术知识产权保护三方面重点检验产业集聚过程中传统产业与高新技术产业之间的技术溢出特征，以及中国产业集聚区内高新技术产业对传统产业的带动与辐射效应。如果技术溢出因地理位置而存在，那么多元化的产业集聚模式是否更有利于区域经济增长？

第四，在对产业内和产业间技术溢出加以分别研究之后，再把产业

间与产业内技术溢出纳入同一模型中，从生产成本和生产结构角度研究产业内和产业间的技术溢出效应问题，重点在于估计 R&D 投资的社会回报率对私人投资回报率的偏离，目的是便于比较同类产业集聚和多元化产业集聚对区域经济增长的贡献率，最终为制定适当的区域产业政策提供理论依据。

3. 地理位置：产业集聚与区域经济增长。本书从地理接近的角度建立了技术溢出与区域经济增长的基本分析框架。首先，以 53 个国家级高新技术产业开发区的产业和技术发展状况为依据，重点从分享集聚区的"政策租"和技术创新效率两方面对近年来中国区域经济集聚发展的现象和事实进行调查研究；其次，在此基础上从技术接近和地理位置的角度研究不同的产业集聚模式下技术溢出与区域经济增长之间的因果关系；最后，从实证的角度对 53 个国家级高新技术产业开发区产业集聚的技术溢出与区域经济增长之间的关系进行检验，并对其发展质量和集聚效率作出评价，为区域产业政策的制定提供事实依据。

4. 城市精明增长和产业集聚的政策规制。在城市精明增长的理念下，本书对技术溢出方面的政策规制的研究主要围绕三个规范性问题展开：一是在产业集聚的过程中被规制的是什么，规制将要达到的政策目标是什么？二是如何探索性地提出政府在解决外部性，促进产业集聚的技术溢出方面的政策工具？三是如何制定恰当的、能够达到规制目标的产业政策？本书关于规制的研究力图对产业集聚过程中政府政策进行充分界定，对政府政策工具的选择加以考虑，以及在对产业集聚的政策规制福利含义进行解释的基础上制定促进集聚升级的有效产业政策。

这些研究内容主要体现了两个观点：一是从技术接近角度分析产业集聚的企业间、产业内和产业间的技术溢出，然后，从地理位置角度分析高新产业开发区的产业集聚与区域经济增长的相关问题，比较技术接近与地理位置对技术溢出的影响，探索实现技术溢出最大化的产业集聚模式，比较内力驱动与外力驱动对区域经济的影响，从技术溢出的角度对高新区产业集聚质量进行检验，探寻拉动区域经济增长的主要力量。

二是把研究的归结点放在中国政府政策对产业集聚的影响方面，在城市精明增长的理念下，从规制经济学的角度提出政府应该如何制定有效的产业政策，根据产业集聚政策的目标选择政策工具和制定具体的规制政策，以最大化产业集聚的技术溢出效应。

本书主要在以下两方面做了一些探索：一是以 53 个国家级技术开发区为样本（截至 2010 年 9 月 26 日，国家级高新技术开发区已有 59 个，因其他 6 个国家级高新技术开发区成立时间不长，投资、产出和集聚效应尚不明显。为了剔除因时间因素所造成的差异性，在分析时采用的样本只包括在设立时间上相对接近的前 53 个高新区），从理论上厘清地理接近和技术接近哪一个对技术溢出更重要。如果技术溢出随距离增加而衰减，那么技术溢出在促进产业本地化和相同产业集聚方面具有重要作用；如果技术溢出能够在不同产业间发生，那么城市化或者多元化的产业集聚现象也会出现。因此，从技术接近和地理距离两方面研究产业集聚的产业内和产业间技术溢出效应，评价产业的 R&D 活动对本地化或城市化进程的贡献具有重要意义。

二是以城市精明增长为理念，探讨政府在促进不同模式下产业集聚的技术溢出最大化方面的功能与责任，寻找提升产业集聚与产业竞争力的结合点，提出促进产业集聚、产业升级的政策设计。

最后需要说明的是，本书得到 2013 年陕西省社会科学基金项目（后期资助项目：13HQ020）的支持。本书在博士论文的基础上做了重大修改，其主体研究受博士论文框架和思路的约束，我原计划对本书初稿的第四、五、六章实证分析部分的数据进行进一步的收集和更新（到 2014 年），数据处理则延续原书稿的方法和思路。但是，由于结题时间关系和原文主体思路的约束，数据方面仍遵照原有的样子。毕竟，从博士论文写作到现在，已经过去 6 年了，在这段时间里，中国的产业集聚和 53 个国家级技术产业开发区就是这样的现状。尊重这样一段历史，把曾经的现状呈现出来，也就足矣。

张晓宁

杨凌　西北农林科技大学

2014 年 7 月 27 日

目 录

第1章 产业集聚的现象与事实 (1)
第1节 国外产业集聚的现象 (1)
一 "第三意大利"的兴起 (1)
二 筑波科学城的建立 (4)
三 "迷你硅谷"的崛起 (5)
第2节 国内产业集聚的事实 (7)
一 高新区发展状况 (7)
二 产业集群的发展 (10)
三 "企业扎推"与技术锁定 (12)
附表1—1 国家级高新技术开发区名单 (14)

第2章 产业集聚的优势、困境与动力 (15)
第1节 产业集聚的优势 (15)
一 正的外部性被分享 (15)
二 集聚促进区域经济增长 (16)
三 产业集聚促进产业成长 (18)
案例：中国中部农区产业集聚区竞争优势来源 (18)
第2节 产业集聚的困境 (22)
一 拥挤不可避免 (23)
二 环境损害将会加重 (24)
三 区域竞争已经加剧 (24)
案例：青岛1919文化产业园为何盛极而衰 (25)
第3节 产业集聚的动力 (28)

一　技术溢出是否存在 …………………………………………（28）
　　二　影响技术溢出的因素 ……………………………………（31）
　　三　技术是怎么溢出的 ………………………………………（35）
　　四　技术溢出如何驱动产业集聚 ……………………………（36）
第4节　一点思考 …………………………………………………（40）
　　案例：无锡为何成为物联网产业集聚地 ……………………（41）

第3章　产业集聚的技术溢出理论、测量及模型评价 ……………（45）
第1节　产业集聚的技术溢出理论 ………………………………（45）
　　一　货币外部性与技术外部性 ………………………………（45）
　　二　技术溢出与经济收敛 ……………………………………（49）
第2节　产业集聚的技术溢出测量 ………………………………（52）
　　一　技术溢出的测量指标 ……………………………………（53）
　　二　技术溢出的测量方法 ……………………………………（55）
第3节　产业集聚的技术溢出模型 ………………………………（60）
　　一　技术距离模型 ……………………………………………（60）
　　二　空间计量模型 ……………………………………………（62）
　　三　阈值回归模型 ……………………………………………（64）

第4章　技术接近：产业集聚的企业间技术溢出 …………………（65）
第1节　合作与非合作的企业间技术溢出 ………………………（65）
　　一　例证 ………………………………………………………（66）
　　二　福利角度的结论 …………………………………………（69）
第2节　差异化与企业间技术溢出 ………………………………（71）
　　一　产品差异化与技术溢出 …………………………………（71）
　　二　空间差异化与豪泰林（Hotelling）模型 …………………（73）
　　三　模型求解 …………………………………………………（75）

第5章　技术接近：产业集聚的产业内与产业间技术溢出 ………（79）
第1节　产业集聚的产业内技术溢出：以电子及通信设备
　　　　产业为例 …………………………………………………（79）

  一 电子及通信设备产业假设 ………………………………… (81)
  二 以往的研究证据 ………………………………………… (82)
  三 实证分析及结果 ………………………………………… (83)
  四 产品代际间的技术溢出 …………………………………… (87)
 第 2 节 产业集聚的产业间技术溢出：高新技术产业与
     传统产业 …………………………………………………… (88)
  一 产业间技术溢出的作用机理 ……………………………… (89)
  二 产业间技术溢出的影响因素 ……………………………… (90)
  三 产业间技术溢出的实证检验 ……………………………… (92)
 第 3 节 产业集聚的产业间与产业内技术溢出：
     同一模型框架 ……………………………………………… (96)
  一 模型构建 …………………………………………………… (97)
  二 数据及变量 ………………………………………………… (99)
  三 模型估计及讨论 …………………………………………… (101)

第 6 章 地理位置：产业集聚与区域经济增长 ……………………… (108)
 第 1 节 区域经济增长的要素分析 ………………………………… (109)
  一 技术要素理论与发展现状 ………………………………… (109)
  二 集聚要素理论与发展现状 ………………………………… (112)
  三 产业集聚、技术溢出与区域经济的关系模型 …………… (115)
 第 2 节 技术溢出与区域经济增长的实证检验 …………………… (117)
  一 模型构建及变量解释 ……………………………………… (118)
  二 数据来源和计算方法 ……………………………………… (121)
  三 实证分析及结果讨论 ……………………………………… (121)
  附表 6—1 53 个国家级高新技术产业开发区工业产值
       集中度（2007—2009） ………………………… (127)
  附表 6—2 28 个省（市、区）高新区产业集聚程度
       （2007—2009） ………………………………… (128)
  附表 6—3 高新区 R&D 投入增长对高新技术产业投入
       增长以及与经济增长的占比情况（2009） ……… (129)

第 7 章 城市精明增长与产业集聚的技术溢出规制 ……… (131)

第 1 节 城市精明增长与产业集聚 ……………………… (133)
一 城市精明增长的理念 ………………………… (134)
二 城市精明增长的框架 ………………………… (135)
三 城市精明增长路径上的产业集聚 …………… (139)

第 2 节 产业集聚的政策规制 …………………………… (142)
一 规制的政策目标 ……………………………… (143)
二 规制政策工具 ………………………………… (147)
三 规制政策设计 ………………………………… (151)

参考文献 ……………………………………………………… (156)

后记 …………………………………………………………… (172)

第1章

产业集聚的现象与事实

关于产业集聚，我们先从了解现象开始。对很多的地名，我们已经耳熟能详，如德国的鲁尔工业区、印度的班加鲁尔、美国的硅谷、"第三意大利"、中国台湾的新竹、中国的晋江……

20世纪70年代以来，一些新的经济集聚现象引起了人们的广泛关注。在美国、英国、法国、德国和意大利，亚洲的印度、日本、新加坡、中国台湾等许多国家和地区产生了一批产业集聚区，涵盖电子信息、机械制造甚至小商品加工等多个产业领域。大量中小企业聚集在一起，相互之间既竞争又合作；既有正式的战略联盟、合同契约和投入产出联系，又有非正式的交流、沟通、接触和面对面的谈话；既有劳动力的相互流动，又有公共基础设施的共享。知识和技术的外溢不可避免，正的外部性和负的外部性并存……这些产业集聚现象以及与其相伴而生的问题将在下面几个典型案例中呈现出来。

第1节 国外产业集聚的现象

一 "第三意大利"的兴起

在20世纪50年代以前，意大利中部仍处在农业经济阶段，工业化程度很低，远远低于北部地区。20世纪70年代，意大利东北和中部经济快速崛起，经济社会学家阿纳尔多·巴尼亚斯科（Arnaldo Bagnasco）把这部分地区称为"第三意大利"（Third Italy），旨在区别于意大利经济较为落后的南部地区（"第二意大利"）和经济较为繁荣但20世纪70

年代以后经济面临重重危机的西北地区（"第一意大利"）。它具体包括翁布里亚、马尔凯、艾米利亚—罗马涅、弗留利—威尼斯·朱利亚、威尼托、特伦蒂诺—上阿迪杰和托斯卡纳7个大区。在这里，小型甚至微型企业占绝对优势，是典型的小企业空间体系，同时也是一个高度集中的企业集群型产业区（industrial district）。如威尼托大区的服装加工业和家具制造业、托斯卡纳大区的毛纺业和陶瓷业、艾米利亚—罗马涅大区的皮革业、马尔凯大区的制鞋业都是各自区内最普及的行业。集聚区内以传统的劳动密集型工业为主体，专业化生产程度很高。每个企业只生产一两种产品或只从事某一环节的生产和加工，企业间横向和纵向协作十分密切。

在"第三意大利"的各个产业区内，几乎没有大规模的企业，但区域内小企业之间的合作创新能力强，生产商与供应商之间属于平等的共生关系，企业之间存在着密切的物质投入产出联系。同一产业的各企业还共同组建了产业联合会来应对国际竞争环境的变化，通过走联合的道路增加科技投资，开拓并巩固市场，以抵抗跨国公司、垄断企业对小企业生存发展的遏制。贝内顿（Benetton）是从瓦内托（Veneto）的一家小型家族企业发迹，最终成为一个跨国企业的。它以全球5000个签约分销点为经营基础，各分销点在核心公司的严格控制下专门销售其产品。每个分销点通过电脑线上作业将商品销售情况传回中心，以便处理补货事宜，同时也能掌握市场对款式和色彩的要求。这种跨国公司中心与销售点之间的网络联系介于大公司垂直解组的转包安排以及小公司的水平网络之间，它的供需网络的基础建立在核心—外围关系的基础之上。

"第三意大利"的各个企业以多品种、小批量的"后福特制"（post-fordism）生产方式代替了少品种、多数量的"福特制"（fordism），并按照多变的市场需求，采用先进的生产与监测技术，快速及时地组织生产，同时注重产品的质量和特色，做到技术先进，专业化程度高。比如，它的丝绸印染技术独树一帜，不仅花色品种达数百种，而且不褪色，再加上有一批世界知名的时装设计大师，使意大利时装风靡全球。再如阿雷佐一家只有54名雇员的小厂，可以将9克重的18k金丝拉成3千米长的细丝，然后制成美丽的项链，生产过程全部自动化和机械化，平均每人创年产值66万多美元。

集聚区内企业之间的竞争在所难免，但是形成有效的竞争规则很重要。由于本地的企业雇主在早期发展中都具有相同的历史文化背景、相近的价值观念及生活习俗，因而企业之间信任度较高，合作氛围浓厚，竞争规则得以有效实施，而大量中小企业的集聚又使得区域内的信息或知识传播很快。如果区域内一家企业的产品质量不按要求做或一些生产商没有按时支付订货单，消息则会很快传遍全区，这家企业可能会失去信誉，进而会限制该企业的发展甚至使之破产。这样一来，区域内就形成了非正式的但被广泛接受的社会和商业规则规范，企业之间良好的竞争规则促进了"第三意大利"企业之间的有效合作与创新，从而使企业生产更能满足多样化的需求。

在相同产业的集聚中，企业之间存在着竞争和学习。当地人可以通过对邻居的模仿开始创业。但在竞争的压力下，每个企业都想找到与众不同的优势，所以虽然是以模仿开始，但紧接着就是改造与创新。在这种环境下，大企业和小企业发展形成分散化和专业化分工。许多大企业制定样品之后，会将各个部件分包给许多专业化的小企业，而小企业又向下一层企业进一步分包。从整个地区的产业来看，只有"纵向"一体化的产业，没有"纵向"一体化的企业。发展到后期，还出现了进一步的专业化分工，出现了许多专门为其他公司提供产品设计、销售咨询的服务公司。

稳定的人口量、稳定的企业网络联系、稳定的硬件环境，基本上满足了对创新环境的要求。因此通过产品创新、生产工艺创新和生产组织管理方式创新，"第三意大利"的经济得到了进一步的飞跃发展。

对"第三意大利"这种产业集聚的发展模式，联合国工业发展组织总结了7条经验：企业在地理上的靠近性；部门专业化；以中小企业为主；在创新基础上的企业间密切合作和激烈竞争；社会文化的同一性；企业间信任和积极的自治组织；支持性的区域和地方政府。从"第三意大利"的发展模式中，我们可以看到政府的作用远没有想象得那么"积极"，在这种自发形成的集聚过程中，市场规制和行业规制不可或缺。

二 筑波科学城的建立

20世纪60年代，日本政府为实现"技术立国"目标而建立了日本筑波科学城，开创了科学工业园区建设的新模式，被世人称为"现代科技乌托邦"。日本筑波科学城模式和"第三意大利"模式大不相同。

在20世纪60年代，日本主要依赖引进、吸收欧美各国先进技术发展经济的战略引发了一系列问题，因而开始从"贸易立国"转向"技术立国"，从强调应用研究，逐步转向注重基础研究。政府从政策、计划、财政、金融等方面，对发展应用技术、基础研究，尤其是对高技术的应用加以大力引导和支持，开始兴建科学城。1974年，日本政府将所属9个部（厅）的43个研究机构，共计6万余人迁到筑波科学城，形成以国家实验研究机构和筑波大学为核心的综合性学术研究和高水平的教育中心。1984年4月，日本政府通过了《高技术工业及地域开发促进法》，以建设代表21世纪产学研相结合的中心城市为目标，形成推动远离太平洋沿岸地带的传统产业向高技术产业发展的基地。

日本政府按照现代化标准建设筑波科学城。日本房地产公司负责开发科学城。新城的科研和教育机构占地1560公顷，占全城总面积的57.7%；住宅、商业、学校、公园等占地1145公顷，占总面积的42.3%。新城中心区安排面向全市居民使用的各种公共设施，行政中心、文化娱乐、商业和交通设施安置在市中心公园广场周围，城内生活方便、环境舒适，住房标准高于东京市区。

筑波科学城建设是由首相办公室下的"科学城推进本部"统一领导，各部门分工协作进行管理的。土地开发和公用设施建设项目由住宅和城市开发集团负责；科研和教育机构的建设由建设部负责；建造和管理道路、公园和商业服务设施则由筑波新城开发公司负责。由于规划和主管部门都是国家最具权威的机构，加上统一协调，科学城建设得以顺利展开。

保障筑波科学城建设的法规相当健全，大体上分两类：一是专门针对高新技术园区制定的法律；二是与高新技术园区相关的国家科技经济乃至社会方面的法律法规。同时，还通过立法等手段，采取多种优惠政策和措施，对房地产租赁、设备折旧、税收、信贷、外资引进等实施多方优惠,有力地保障和促进了科学城区的发展。在基础设施建设上,政府大力投资,统一规划;在人口、资源、环境等方面,政府也注重统筹协调,统一筹划。政府设法从东京吸引科技人员和科研机构迁入筑波科学城,还颁布了《私人部门资源利用法》等法规,对资源合理开发利用、环境保护等问题加强管理,同时高度重视对城区市政、住房等的整体发展予以综合考虑。

与"第三意大利"相比,筑波科学城从规划、审批到选址和筹建的全过程都呈现出强烈的政府介入色彩。日本政府在经过5次对总体规划纲领进行修订后,开始有计划地在筑波建设相关的研究学园区及周边开发区。筑波科学城的建立,无论从资金投入还是政策支持等方面都拥有非常高的起点。日本政府投入数额庞大的经费把30%的国立科研机构搬迁到科学园区内,而政府主导的先天优势使得筑波科学城不断获得国内多项法律法规的支持。日本政府不仅把东京教育大学(后更名为筑波大学)迁到筑波,同时还相继在修建高速公路及电车等交通设施方面加大投入,全方位地引导筑波科学城的开发建设工作。

筑波科学城不是依托周边成熟城市发展而来的,而是依靠日本政府巨额投资修建的。日本政府为了聚集国内顶尖教育和研究机构,不惜把全国40%的政府财政研究经费预算花费在科学城的筹建上。筑波科学城内以国有企业及所属研究机构为主的研究主体,公司机构与下属单位的垂直领导关系直接导致科研体系存在过度垂直化的倾向。科学城因此缺乏创新体制,研究成果产业化与商业化程度也相对较低,与市场机制存在严重的脱节现象。

三 "迷你硅谷"的崛起

伦敦东区位于英国首都伦敦东部、港口附近地区,曾是一个拥挤的贫民区。街道狭窄,房屋稠密,多为19世纪中期建筑。在第二次世界大战中,大部分建筑因遭受轰炸而毁坏,后重建。有服装、制鞋、家具、印刷、卷烟、食品等传统工业。伦敦东区在历史上就被看成贫民区,这里临近码头,居民大多是卖苦力出身的穷人和外来移民。近些年来,随着一批年轻的新锐设计师把工作室搬到这里,这里迅速成为国际知名的艺术家聚集地。一大批新兴互联网公司出现在位于金融区东北部、靠近其貌不扬的老街路口的肖尔—迪奇区（Shore-ditch）。越来越多的企业聚集于此，一处年轻而新潮的地方诞生了。这里开始被英国政府的部长们树立为城市创新集群的成功典范，它就是由诸多科技公司和初创企业自发生成的大本营——"硅环岛"（Silicon Roundabout）。

如今，这个地区被称为伦敦的"迷你硅谷"，发展势头迅猛，在经济衰退期仍保持着不错的业绩。不过，这里的初期崛起并未得到政府的支持，也没有同大学建立直接的联系。"硅环岛"最初是一个相对较小的、高密度科技产业园。2008年，那里只有30家科技企业，到2010年1月，科技创新企业达到85家。在英国首相卡梅伦的持续关注和支持下，其中心投资区域已经得到了很大的拓展。为了使原有的产业集群更具规模，2010年，政府颁布了一项支持"迷你硅谷"发展的计划，将包括奥林匹克公园在内的东伦敦建造成高科技产业中心，并将其命名为"东伦敦科技城"。政府投入4亿英镑支持科技城的发展，制定优惠政策并确保把新建筑中的一部分空间用作孵化区。思科、英特尔、亚马孙、Twitter、高通、Facebook、谷歌等大型公司也开始进驻，巴克莱银行等金融机构再次开展针对创业企业的特殊融资服务。仅2011年，就有200多家科技企业将总部设于科技城。东伦敦科技城已成为当之无愧的欧洲成长最快的科技枢纽。

如今的东伦敦科技城是一个集科技、数字和创意等于一体的企业集聚的中心。从2011年正式启动以来，已经有超过1600家公司进驻以东伦敦为中心的科技城。在这个没有边界的高科技和创意新聚落里，原本几乎被遗弃的重工业贫民区的面貌已经焕然一新，成为美国硅谷之外的又一个国际科技创业中心。伦敦科技城受到了谷歌、Facebook、英特尔、思科等科技企业的青睐。

东伦敦科技城与"第三意大利"和筑波科学城不一样，它在集聚的初期是市场自发形成的，没有政府的引导，也没有和大学之间的密切联系，但是当形成规模以后，政府的支持和投入使其得以壮大。东伦敦科技城吸引产业集聚的原因归纳起来有：一是策略性位置，它位于伦敦心脏区，是主要的国际商业枢纽，以及欧洲首选的资讯科技地点；拥有世界级的国际交通网，邻近欧洲之星（Eurostar）高铁车站与数个主要机场。二是坚强的后盾，来自英国政府的承诺及产业界、银行服务和学术界所提供的支持，可接触伦敦独步全球的金融服务业，以及欧洲最大的创投社群，更有邻近的伦敦大学、帝国学院、牛津大学及剑桥大学四所顶尖大学提供源源不绝的人才。三是活络的氛围，拥有尖端资通科技（ICT）、数位与创意设施，这里也是超高速宽频的优先铺设区，以及可接触到已被认可且不断成长的科技企业和人才，生气蓬勃的多元文化商业和社交活动，能够创造、激发新思维并吸引最优秀人才。

第2节 国内产业集聚的事实

因为受不同市场力量的影响，区域经济发展呈现出两种状态：分散化与集聚化。但是，区域经济的集聚发展不仅受到理论的支持，也受到更多发展事实的检验。在地理位置和资源禀赋等初始条件的影响下，现阶段产业集聚化的现象比分散化的现象更显著。近年来，无论是地理位置还是政策效应，都影响着中国区域经济朝集聚化方向发展，产业在空间上向一些在某方面具有优势条件的地区集中的趋势和现象越来越明显。在此讨论两个最显著的现象：一个是国家级高新技术产业开发区（以下简称"高新区"）的发展状况；另一个是产业集群的发展状况。①

一 高新区发展状况

从1951年世界上第一个高科技产业园区"硅谷"开始至今，科技园区已经成为高新技术企业集聚的主要场所。中国的科技园区被称为高新技术产业开发区，在"863计划"和"火炬计划"的推动下，从1991年起，国务院批准成立的第一批国家级科技工业园为27个，截至2010年9月26日，已增加到59个（详细名单见附表1—1）。高新区的发展主要依托智力密集和开放环境，依靠科技和经济实力，吸收和借鉴国外先进的科技资源、资金和管理手段，通过优惠政策和各项改革措施，实现软硬环境的局部优化，实现高新技术产业的集中。经过多年的发展，53个国

---

① 中国的高新产业技术开发区是在"863计划"和"火炬计划"的推动下依靠外力驱动形成的产业集聚方式，而产业集群在理论上是依靠内力驱动发展而成的产业集聚方式（事实上，中国的产业集群发展也离不开政策的推动）。所以选取这两个研究区域的经济集聚发展具有一定的代表性。

家级高新区几乎占据了全国高新技术产业的一半，在企业、人才、资金、技术等创新资源方面初步形成了集聚效应，依靠自主创新、提升区域竞争力的发展方向也越来越明确，对区域经济的贡献逐渐得以显现。

依据"863"计划，1991年确定在国家级高新技术产业技术开发区中，加速发展11种高技术产业（电子与信息技术、生物工程和新医药技术、新材料及应用技术、先进制造技术、航空航天技术、海洋工程技术、核应用技术、新能源与高效节能技术、环境保护新技术、现代农业技术、其他在传统产业改造中应用的新工艺和新技术）。但是，中国的高新区大多是依托当地资源和区位优势以集聚、吸纳各种类型的高新技术产业的，因此，各高新区依据当地资源环境和工业基础重点发展相对较具优势的产业，重点集中在电子信息、生物工程、光机电一体化和新材料等领域。根据粗略的统计，53个国家级高新区在11种高技术产业领域各有侧重。重点发展电子信息产业的有近30个高新区，重点发展生物工程产业的有20多个高新区，重点发展光机电一体化产业的有近25个高新区，发展新材料产业的有20多个高新区。从《火炬统计年鉴（2009）》关于高新区企业产品主要指标统计来看，全国53个国家级高新技术产业开发区，其产业发展的重点涉及9个方面：电子与信息领域，生物技术领域，新材料领域，光机电一体化，新能源及高效节能技术，环境保护技术，航空航天技术，地球、空间、海洋工程、核应用技术，涉及45638种产品，工业总产值达2638.9亿元（具体见表1—1）。

从近年来的发展情况看，高新区的基本经济指标绝对值都呈现出明显的增长趋势（见表1—2）。但是，通过与全国的比较发现，高新区在拉动区域经济增长方面并未成为重要力量，产业集聚效应也未得到充分释放，对高新区以外周边地区的产业结构调整和升级的带动作用不大。2012年，全国53个高新区内企业总数为52632个，创造就业岗位716.5万个，年末工业总产值达到5268.5亿元，净利润为330.4亿元，上缴税金319.9亿元，分别占全国的12.35%、8.1%、1.32%、1.04%、1.08和5.1%。表1—3比较了2004—2008年这5年间高新区经济发展与全国工业发展的整体状况，发现在企业数量、总收入和工业总产值以及上缴税金等方面都存在程度不同的下降，在表1—3的6项指标中，只有就业人数的比例有所上升（变化趋势见图1—1）。

表 1—1　　2008 年高新区企业产品主要指标（按技术领域分类）

技术领域	产品总数（种）	工业总产值（亿元）	销售收入
电子与信息领域	20537	1167.86	1213.68
生物技术领域	5375	223.20	225.44
新材料领域	5239	530.29	537.51
光机电一体化	10625	492.15	511.76
新能源及高效节能技术	1794	169.32	174.80
环境保护技术	1502	39.60	36.37
航空航天技术	313	11.70	11.70
地球、空间、海洋工程	106	2.82	2.80
核应用技术	147	1.96	4.1
合计	45638	2638.9	2718.16

表 1—2　2008—2012 年全国 53 个高新区主要经济指标发展变化情况

年份	企业数（个）	年末从业人员（人）	总收入（亿元）	工业总产值（亿元）	净利润（亿元）	上缴税费（亿元）
2012	52632	7165307	6598.6	5268.5	330.4	319.9
2011	48472	6502370	5492.5	4437.7	315.9	261.4
2010	45828	5737003	4332.0	3589.9	212.9	197.7
2009	41990	5211960	3441.6	2895.8	160.3	161.6
2008	38565	4484387	2746.6	2263.9	142.3	124.0

表 1—3　　国家级高新区 2004—2008 年主要经济指标占全国的比例　　（%）

年份	企业数	年末从业人员	总收入	工业总产值	净利润	上缴税费
2008	13.95	6.77	1.38	1.12	1.19	4.74
2009	15.45	7.56	1.38	1.15	1.08	5.39
2010	15.18	7.8	1.38	1.13	1.09	5.28
2011	14.39	8.26	1.37	1.1	1.16	5.48
2012	12.35	8.1	1.32	1.04	1.08	5.1

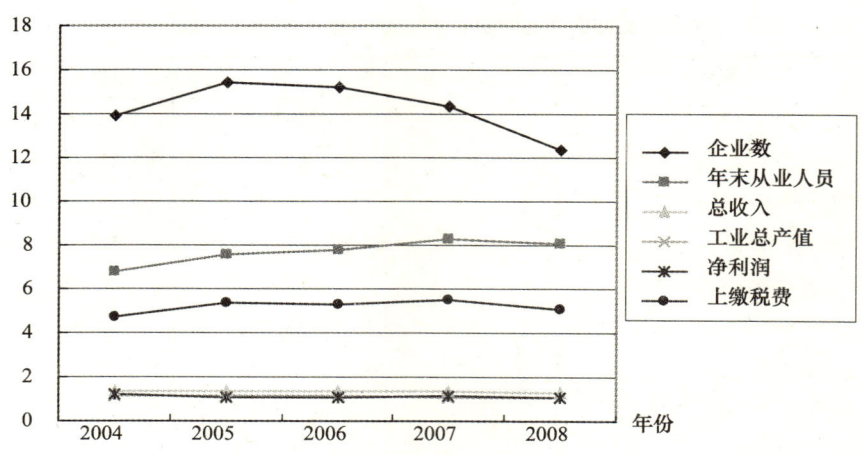

图1—1 国家级高新区2004—2008年主要经济指标占全国比例的变化趋势

把表1—3和图1—1结合起来，大致可以看出近年来中国高新区在发展中逐步暴露的一些问题。高新区企业数量占全国企业数量的比例呈逐年下降的趋势，而就业人数占全国的比例又呈现上升的趋势。导致这种现象的原因可能有两种：一种是小企业逐渐被挤出高新区，高新区企业的规模逐渐扩大；另一种是技术密集型企业可能被挤出了高新区，劳动密集型的企业相对增加。但是从其他4项指标的变化情况来看，总收入、工业总产值、净利润和上缴税费所占比例下降，说明高新区最近5年的发展存在第二种情况的可能性较大。事实上，中国高新区经过十多年的发展，仍然大多是以税收、土地等优惠政策为驱动，以地引资、以地养区的粗放发展模式仍然没有得到根本的改变。这种情况所致的直接后果是高新区的比较优势不明显，产业聚集效应难以发挥，不能把企业的空间聚集转变为真正享有规模外部性和技术外部性的产业集群，带动和促进区域经济的增长。

二 产业集群的发展

产业集群的集聚现象与工业园区存在着明显的不同。工业园区是典型的外力驱动型经济集聚方式，这容易导致园区与所在区域产业之间不能实现联动发展。与工业园区不同的是产业集群强调内力驱动发展模式，集群内部产业之间的联系较为紧密。产业集群实际上是把产业发展与区域经济通过分工专业化与交易的便利性有效地结合起来，从而形成一种有效的生产组织方式，推动区域经济的集聚增长。

产业集群是工业化过程中的普遍现象，在所有发达的经济体中，都可以明显看到各种产业集群。它超越了一般的产业范围，形成了特定地理范围内多个产业相互融合、众多类型机构相互联结的共生体，构成了这一区域颇其特色的竞争优势。如果将产业结构和产业组织二者结合起来看，产业集群实际上是指产业成群集聚发展的意思。很多国家的地方政府通过培育地方产业集群，使本地生产系统的内力和国际资源的外力有效结合，提高了区域竞争力，取得了不少成功的经验。

中国部分沿海地区形成了一批有较大影响力的产业集群，成为拉动区域经济增长和提高产业竞争力的重要方式。比如，中国制造业生产能力的 70% 集中在珠江三角洲、长江三角洲和环渤海地区，产业集群已占到本区域工业增加值的 50% 以上。根据《中国城市竞争力》的统计数据，2007 年，东南沿海地区，每平方千米的平均 GDP 为 6055 万元，环渤海地区每平方千米的平均 GDP 为 6267 万元，中部地区每平方千米的平均 GDP 为 4547 万元，东北地区每平方千米的平均 GDP 为 3142 万元。尤其是东南沿海地区的产业集群发展基本上已经走出了从分散办企业到集中办企业阶段。一些特色产业集群也出现了由纯加工向制造业的转变，由中间产品向终端产品的转变，由单一产品向系列化产品的转变。企业之间基本上建立了较强的产业关联和分工协作关系，正逐步走向产业集群的阶段。在东南沿海地区像浙江、广东、江苏、福建等省已经形成了不少成熟的产业集群。

浙江是全国产业集群发展最为显著的地方。2009 年，全省共有年产值亿元以上的工业区块 601 个，块状经济工业总产值 15826 亿元，占全省工业总产值的比重约为 64%，企业总数为 30.84 万家，其中年销售收入 500 万以上的规模企业为 19065 家，从业人员约 800 多万人。[①] 在块状经济主要产品中，全国市场占有率超过 30% 的有 78 个，主要有纺织、服装、电气、通信设备、交通设备、金属制品、电子、皮革、工艺品等。

---

① 中国产业集群网 (http://www.chinacluster.org/)。

据国家统计局对全国 532 种主要工业产品的调查,浙江有 56 种特色产品的产量居全国第一,居前 10 位的有 336 种,浙江具有竞争优势的产业,基本上都是依托产业集群发展起来的。但是,这些产业集群大多以传统产业居多,主要是纺织、服装、石化、钢铁、电子信息等制造业产品。

与东南沿海相比,西北地区能源化工产业集群正在逐步发展壮大。依托资源优势,西北地区集聚了全国 38.21% 的能源企业和 23.48% 的产值,天然气占全国的 79.4%,煤炭产量占全国的 44.1%。内蒙古、陕西、新疆是西北地区能源产业的主要集聚区。内蒙古南部的鄂尔多斯和陕北的榆林、延安区域是西部最大、中国主要的能源产业集聚区之一,煤电产业集群效应明显,其中,鄂尔多斯是中国产煤第一大市,榆林能源产量折合油气当量居全国第一。其中,2008 年,内蒙古集聚了 353 家煤炭采选企业,产值 1372 亿元,居全国第四位;267 家电力热力生产供应企业,实现产值大约 950 亿元,火力发电 2072 亿度,居全国第三位。新疆、陕西的油气产业集聚明显,两省(区)原油产量占全国的 27.3%。

通过对产业集群发展现状的分析发现,产业集群成为推动产业发展和区域经济增长的主要力量。但是,深入集群内部研究产业间的关联性、产业集聚的特点、企业的创新能力以及技术溢出等问题,解释现阶段中国集群发展效率的成果并不多。由于集群数据难以获得,关于集群的研究大多还停留在通过宏观统计数据对现状进行描述的阶段,尤其是集群内部企业层面的数据不好获得,在产业组织理论基础上对集群内企业间关系进行实证研究,现阶段还比较困难,因而更深入地揭示产业集群对区域经济增长的内部机制的研究还有待加强。由于产业集群数据不好获得,本书在此只对产业集群的发展现状做一描述,通过现状直观反映其对区域经济的贡献。

三 "企业扎堆"与技术锁定

从以上的描述性统计分析中可以看出,无论是高新区还是产业集群的数据都基本上支持了产业集聚带动区域经济增长的理论假设。但是,这些现象背后是否真的具有一般意义上的产业集聚效应?很显然,在中国工业化过程中,出现了政府主导集聚的大量事实,各类工业园区几乎都是在政府的干预下形成的,即使在理论上由市场机制主导形成的产业集群也离不开政府各方面的政策优惠。因此，在研究中国产业集聚与区域经济增长问题时，最应该关注的因素是"政策租"与市场外部性和技术外部性的分离。郑江淮等人（2008）的研究结果也表明，企业进驻开发园区的溢出效应是政府主导的，而不是内生于企业的空间集中。这几乎是一个可以直接观测到的现象，地方政府过度依赖土地经营和优惠措施，园区过度分散、开发面积大、产业停留在低增值环节、企业之间缺乏联系和分工、专业化的服务型企业和机构不足，未形成有效的创新环境等。大量的开发区内企业之间的关联度不高，郑江淮等人的调查结果显示，开发区内有70%以上的企业没有与供应商和销售商处在同一个区域，以形成集聚效应。由于"政策租"的大量存在而引发企业"扎堆"现象不可能把企业在空间上的集中转变为产业集群，像这种形式的企业虽然集聚在开发区内，但相互之间也不具备传统意义上的信息交流和技术外溢的条件。

与这种"企业扎堆"现象相伴而生的另一个问题是，长期以来，在中国的区域经济增长中技术贡献率处于较低水平。彭国华（2005）、姚先国和张海峰（2008）的研究也证明了区域经济的高速增长与低水平技术创新并存的事实。从产业集群和工业园区的发展背景可以直观地发现，企业的创新绩效在很大程度上依赖优惠政策等外部资源（陈钰芬、陈劲，2009），这说明产业集聚也会面临"技术锁定"的高风险。集聚区内的优惠政策和正的外部性会抑制创新对经济增长的作用，因为采用新技术的企业将无法享受依旧使用现存技术的企业所享有的聚集经济性，区内企业可能会不愿放弃与现存技术连为一体的聚集经济利益，这就导致核心区域不仅可能会延迟新技术的应用过程，而且其集群优势很可能被边缘区域所取代。

其实，无论是"企业扎堆"还是技术锁定都是现阶段产业集聚发展存在的事实，产业集聚虽在一定程度上成为促进区域经济增长的重要动力，但是，产业集聚的低端化也是不争的事实，没有显著地表现出关联企业空间集中所产生的外部经济（郑江淮，2008），区域经济在高增长的同时过分强调对资源优势、地理因素和政策倾斜等外部因素的依赖程度，企业为获取共同"政策租"收益而选择在空间上集聚，这也在一定程度上抑制了企业的创新动力。

附表1—1　　　　　　　国家级高新技术开发区名单

1	中关村科技园	31	佛山高新技术产业开发区
2	武汉东湖新技术开发区	32	惠州高新技术产业开发区
3	南京高新技术产业开发区	33	珠海高新技术产业开发区
4	沈阳高新技术产业开发区	34	青岛高新技术产业开发区
5	天津新技术产业园区	35	潍坊高新技术产业开发区
6	西安高新技术产业开发区	36	淄博高新技术产业开发区
7	成都高新技术产业开发区	37	昆明高新技术产业开发区
8	威海火炬高技术产业开发区	38	贵阳高新技术产业开发区
9	中山火炬高技术产业开发区	39	南昌高新技术产业开发区
10	长春高新技术产业开发区	40	太原高新技术产业开发区
11	哈尔滨高新技术产业开发区	41	南宁高新技术产业开发区
12	长沙高新技术产业开发区	42	乌鲁木齐高新技术产业开发区
13	福州高新技术产业开发区	43	包头稀上高新技术产业开发区
14	广州高新技术产业开发区	44	襄樊高新技术产业开发区
15	合肥高新技术产业开发区	45	株洲高新技术产业开发区
16	重庆高新技术产业开发区	46	洛阳高新技术产业开发区
17	杭州高新技术产业开发区	47	大庆高新技术产业开发区
18	桂林高新技术产业开发区	48	宝鸡高新技术产业开发区
19	郑州高新技术产业开发区	49	吉林高新技术产业开发区
20	兰州高新技术产业开发区	50	绵阳高新技术产业开发区
21	石家庄高新技术产业开发区	51	济南高新技术产业开发区
22	保定高新技术产业开发区	52	鞍山高新技术产业开发区
23	上海高新技术产业开发区	53	杨凌农业高新技术产业示范区
24	大连高新技术产业开发区	54	宁波高新技术产业开发区
25	深圳高新技术产业开发区	55	湘潭高新技术产业开发区
26	厦门火炬高技术产业开发区	56	南阳高新技术开发区
27	海南国际科技工业园	57	安阳高新技术产业开发区
28	苏州高新技术产业开发区	58	新余高新技术产业园区
29	无锡高新技术产业开发区	59	景德镇高新技术产业园区
30	常州高新技术产业开发区		

第 2 章

产业集聚的优势、困境与动力

国家和区域的竞争力表现为对各种流动财富的吸引力和利用这些财富创造新价值的能力,而集聚是在全球化与区域化相互作用中参与竞争的主要力量。在产业集聚的过程中,集聚的优势被直接或间接地分享,但是,集聚的问题也相伴而生了,集聚发展的困境不断凸显。除了分享正的外部性以外,突破发展困境、持续集聚趋势的动力来自何处?是技术溢出吗?

第 1 节 产业集聚的优势

目前,产业集聚的研究范式主要集中在新经济地理学、集群理论、新产业区理论与城市多样化集聚理论等方面,不同研究范式的假设前提和理论出发点也存在很大差异,但产业集聚的优势得到了充分肯定。产业在地理空间上趋于集中(Marshall,1920;Arthur,1990;Krugman,1991;Porter,2000),这种现象被称为空间集聚。空间集聚研究主要解决"产业为什么在地理空间上集中"(Arthur,1990;Krugman,1991)和"什么是厂商定位的集聚效应"(Audretsch & Feldman,1996;Baptista & Swann,1998;Beaudry & Breschi,2003)的问题。关于这两个问题,集聚经济的优势可以给出解答。

一 正的外部性被分享

外部性是促进产业地方化、产业非均衡分布和产业集中的根本原因

(Marshall, 1890)，共享的基础设施或投入、流动的劳动力市场和知识的无成本外溢是产业集聚的三个来源（Marshall, 1920）。西托夫斯基（Scitovsky, 1954）把外部性分为资金外部性（pecuniary externalities）和技术外部性（technological externalities）。资金外部性与技术外部性被看作正的外部性，是促成产业集聚发展的主要力量。但是，技术外部性由于其复杂特征，在研究集聚问题时又常常被作为"黑箱"（black box）处理。相比之下，资金外部性得到了充分的认可和发展。霍夫姆斯（Hofmes, 1999）研究得出投入共享和产业集聚之间存在正相关关系；罗森塔尔和斯特兰奇（Rosenihal & Strange, 2001）则运用实证研究方法对美国产业在不同级别空间区域的集聚进行了较为全面的分析，认为交通成本、自然禀赋、产业创新性、投入使用强度、劳动力专业化程度等要素都会在一定程度上影响产业集聚，但是，因为集聚区范围大小的不同，这些因素的影响效应也存在差异，像运输成本、产品投入、自然资源投入等资金外部性在较大空间范围内能够促进产业集聚，而技术创新、技术溢出等技术外部性只能在较小的空间范围内促进产业集聚；哈兰德（Haaland, 1999）研究了产业内部联系与产业集聚之间的关系，结果表明，同一产业的投入比值越高，该产业在空间上就越集中。从这些基于外部性理论研究产业集聚的文献来看，资金外部性对产业集聚起到了举足轻重的作用。

二 集聚促进区域经济增长

增长和集聚（即经济活动空间集中）是相互自我强化的过程（Martin and Ottaviano, 2001）。这种观点在"新经济地理学"（Krugman, 1991; Brakman, 2009）和迪朗东和普加（Duranton & Puga, 2004）的集聚经济微观基础上得到了很好的阐释。但是，相应的模型都把不完全竞争、报酬递增和运输成本作为影响经济格局的基本因素，而很少考虑政府行为对集聚经济的影响。例外的是，马丁和罗杰斯（Martin and Rogers, 1995）分析了基础设施和便利的交易在一国内部和国家之间贸易中的作用（Brakman et al., 2002, 2008），结果表明，政府会通过规定公共投入来影响经济格局。普加（Puga, 2002）分析了区域支出政策对缓解地区差距的影响，并强调，虽然假定基础设施无差异,但是实际上基础设施的不同,如拥塞程度,也会在不同的空间范围内产生影响。阿隆索—卡雷拉等人(Alonso-Carrera et al., 2009)在一般均衡模型的基础上,分析了公共投资如何引发区域发展不平衡,以及如何使用财政政策才能克服这些空间分化。英格丽德、奥特和苏珊娜·索雷茨(Ingrid Ott & Susanne Soretz, 2010)从公共投入的角度(设施、产品以及政策)分析了区域政策对集聚的影响。他们把基础设施划分为物质设施和包括研究与培训在内的教育设施(Garcia-Milá & McGuire, 1992; Eicher & Turnovsky, 2000),并扩展了布吕克(Bröcker, 2003)建立在"干中学"和区域知识溢出基础上的政府投入和区域经济增长模型。此外,英格丽德、奥特和苏珊娜的·索雷茨的研究注重地区之间的互动关系,假定一个地区可能从一项公共投入中获益,一体化从降低运输成本的角度有力地加强了集聚。

产业聚集可以获得降低运输成本(Yamamoto, 2003)、帮助地方经济、获得经济租(Coe, Hess, Yeung, Dicken & Henderson, 2004)以及强化竞争等优势(Anderson, 1994; Tabuchi, 1998)。由于产业集聚能提供这么多的优势,工业园区因能提供这些经济利益而吸引着更多的企业集聚。当选择一个工厂的位置时,工厂到公路、车站、机场的距离以及其他基础设施、劳动力供应、商业服务和土地价格等都是必须考虑的因素(Hodgkinson, Nyland, & Pomfret, 2001)。关于土地价格对产业集聚的研究有安布罗斯(Ambrose, 1990)、洛克伍德和卢瑟福(Lockwood & Rutherford, 1996)等,他们认为土地供应有限,具有集聚效应的工业园区的土地价格应该超过没有集聚效应的工业园区的土地价格。林和本(Lin & Ben, 2009)从政府对工业用地价格干预的角度研究了产业集聚问题,认为土地价格与产业集聚之间具有高度的正相关性,集聚经济较强的产业园区的土地价格较高,但是政府角色与地价负相关。政府干预并没有增加土地的价格,反而可能会造成工业园区不适当的定位和令人不满意的管理服务。

证明集聚经济优势的大部分证据来源于高新技术产业和扩张性的产业(Saxenian, 1994; Kenney, 2000; Lee et al., 2000; Owen-Smith & Powell, 2004; Aharonson et al., 2007),而对成熟和衰退产业的研究未能证明聚集经济的存在(Glaeser et al., 1992; Appold, 1995; Staber,

2001）。莱德（Rider，2010）通过检验一个产业的集聚是否有损于本地其他产业发展来研究衰退性低技术产业集聚的优势和劣势，探讨在集聚优势条件下的各种不同组织如何集聚在一起。集聚效益取决于当地的产业组织结构（Saxenian，1994；Rosenthal and Strange，2003；Owen-Smith and Powell，2004；Aharonson et al.，2007；Aharonson et al.，2008 & Whittington et al.，2009），这些研究的核心是开放与合作性的组织有益于促进经济集聚。按照这一逻辑，集聚的好处可能未被当地那些缺乏广泛交流的组织所认识，那些限制与其他地方组织相互作用的组织可能也没有意识到集聚的好处。

三 产业集聚促进产业成长

大量研究结果表明，产业集聚是推动产业成长的重要因素。以克鲁格曼（Krugman，1991）为代表的新经济地理学派从需求牵引、外部经济（劳动力市场共享、专业化投入与服务、知识及信息的流动）和源于历史偶然的累积循环与自我锁定角度研究了产业集聚对产业成长的推动作用。以帕克（Park，1995）、热贝罗蒂和施米茨（Rabellotti & Schmitz，1999）等为代表的"新工业区"经济学家们从生产柔性化（producing flexibility）、专业化分工与范围经济、集体效率等方面研究了集聚经济对产业成长的推动作用。波特（Porter，1998）等则从生产要素、需求条件、关联产业、公司战略和政府行为等角度对其进行了解释。范剑勇（2006）对产业集聚、劳动生产率、地区差距三者之间的关系进行了研究，结果表明，非农产业规模报酬递增地方化是产业集聚的源泉，并在一定程度上提高了该区域劳动生产率，对地区差距产生了持久的影响。费尔德曼（Feldman，1996）通过研究产业集聚与创新之间的关系，发现集聚程度较高的行业的创新活动更多，这在一定程度上支持了产业集聚能够促进产业成长的观点。

案例：中国中部农区产业集聚区竞争优势来源

自 20 世纪 70 年代以来，中国实行了改革开放的政策，中部农区在市场力的作用下，利用传统资源优势发展地方经济，形成了具有地方特色的产业集聚区。在经济全球化时代，中部农区保持了强劲的区域经济竞争优势。位于河南省孟州市城东8公里的桑坡村皮毛加工产业集聚区，是当地回民在皮毛加工经商传统的基础上发展起来的。经过20多年的发展，目前年加工皮毛量达1700万张，产值17亿元，成为亚洲最大的羊剪绒皮毛加工基地。

1. 网络联系是中部农区产业集聚区内竞争优势产生的根源

中部农区产业集聚区竞争优势的源泉在于其内部的网络联系。在集聚区网络体系内，由于行为主体（企业、服务、金融等）之间结成了市场、产业、社会网络，网络绩效使其产生了竞争优势。桑坡村皮毛加工产业集聚区内企业联系十分紧密。随着集聚区规模的扩大，形成了原材料和设备供应、皮毛加工、产品销售、中间服务等企业群体。它们分工明确，存在于一个既竞争又协作的经济环境中。同行之间以质量和服务占领市场，上下游之间能够建立相互信任的关系，降低了交易成本，形成了区域经济竞争优势。

桑坡村皮毛加工产业集聚区企业之间的垂直关系主要是依产业链结成的网络联系——从皮毛供应企业到皮毛产品生产企业，再到皮毛成品销售部门。桑坡村皮毛加工企业之间是既合作又竞争的关系。随着市场的扩大，企业形成了细致的专业化分工，一个企业可能只生产某个产品的一个部件或者完成某个产品的一个工序，这些企业通过相互的网络联系，形成一个既竞争又合作的产业集聚区。

桑坡村皮毛加工产业集聚区成长在回族集聚村落，是一个典型的村落产业集聚区。具有经商传统和创业精神的地域文化资本促进了产业集聚区的形成和发展。其社会网络是由当地企业家、当地政府和家族、人情等各种关系交织而成的。企业主与当地政府官员之间建立了密切联系，可以提高用地、融资等的办事效率。集聚区内具有共同的政策和地域文化优势，有些企业甚至是因血源相近而建立或相互联系的。企业之间形成了相互信任的关系，甚至不受合同的约束。这就提高了企业运作的效率，降低了交易成本，也显示出产业集聚区的竞争优势。

2. 产业集聚区内存在明显的内部和外部规模经济

在桑坡村皮毛加工产业集聚区内，多数企业规模普遍偏小，其中很大一部分是家庭工厂，它们成为集聚区的重要特色之一。早期成立的雪羊皮毛公司和隆丰皮草公司随着规模的扩大，形成了产、供、销一体化组织，在集聚区内起着核心引导作用。其他小企业为了追求内部规模经济，购进技术和设备，转变加工方式，多以机械加工为主。多数企业将利润的大部分用于扩大生产规模，降低生产成本，形成了产品价格低廉的竞争优势。规模的扩大，也使集聚区内培育了品牌。品牌效应使整个集聚区抵御竞争的风险加强，也是整个集聚区内部规模经济展现的竞争优势来源。

产业集聚区外部规模经济首先体现在政府对整个区域环境的完善上。桑坡村皮毛加工集聚区兴起于20世纪80年代，家庭工场是其基本格局。随着市场拓宽和资本积累，进入产品升级和集聚区扩张阶段。这一阶段，土地、资金、电力、交通、通信等方面的问题突出。当地乡镇政府给予了高度关注和大力支持。规划土地利用，为外来投资者提供良好的经济发展环境，在用电、通信、环境治理、道路建设、金融机构的设置、法律、咨询等方面提供了种种便利。为拓宽产品市场，政府部门还投资建设产品批发市场。环境的改善，降低了企业投入成本。

产业集聚区外部的规模经济还体现在浓厚的行业氛围上。桑坡村皮毛加工产业集聚区是充分利用传统产业优势发展起来的。在桑坡村，人们日常谈论的话题都是以皮毛加工为主题的。桑坡村吸引了附近近万人的打工者，有大量的销售人员奔波在全国各地。大量集中的企业及人员之间的信息交流，技术、市场、需求信息在桑坡村不断溢出扩散，促进了区位品牌的形成，促使创新的产生。

3. 分工经济在产业集聚区内外部得到了体现

随着产业集聚区规模的扩大，在集聚区内外部产生了分工经济。桑坡村皮毛加工产业集聚区在发展的早期，企业多以家庭作坊为主。从皮毛选购、皮毛加工和销售，都是由户主及家庭成员完成的。随着规模的扩大，这些家庭作坊业主就雇佣家庭以外的工人，从事一些专职工作，使其从生产中分离出来，提高了生产效率。当然，业主比较注重工人技术的熟练程度。比如提高熟练技术人员的工资待遇，对有经验和技术专长的人员，还给予更好的待遇。

随着皮毛加工户的大量涌现,对皮毛加工中的辅助工业及中间产品的需求随之增加。一些专门从事某一环节或服务行业的企业也不断建立起来。皮毛加工业主从事皮毛原料鞣制、剪裁设计、产品包装、产品销售等工艺过程的生产,分工更为精细,共同完成皮毛产品生产和各加工企业的配件供应。

专业化分工的加深,也会造成同行之间的相互竞争。在桑坡村的皮毛加工产业集聚区内,众多的企业所处区位、运输、物流成本等条件都一样。为了降低成本,提高产品质量,就需要在生产中赋予更好的创意。一旦好的创意产品投入市场,就会引起其他企业的效仿,很难长期占领市场。若想长期领先市场,企业就要不断地创新,创新的压力促进了整个产业集聚区内产品质量的不断上升。

4. 产业集聚区内的模仿性创新竞争优势

成长于中部农区的产业集聚区,其研发机构、先进科技、高技术人才等方面是相对缺乏的,自主创新的能力较弱。因此,他们主要依靠模仿性创新来培养自己的创新能力。当然,模仿虽然是普遍的现象,但创新确实是很难的。模仿创新既能降低创新的难度,又能降低创新产品的市场风险。

在桑坡村皮毛加工产业集聚区内,模仿创新是其主要的创新过程。在调查中发现,桑坡村皮毛加工产业集聚区内80%的技术来源于"模仿"。大企业的技术主要来自集聚区外部,而小企业的模仿多来自集聚区内部,小企业与大企业相比更加依赖模仿。桑坡村皮毛加工产业集聚区内部的各种信息、知识、技术和经验能在区域中快速传播,从而提高了企业和机构的学习能力和创造能力,增强了整体区域的学习效应。桑坡村内的龙头企业往往深入国内外交易市场,搜集信息和新产品。发现好的产品,马上购回来,组织人员研究,取长补短,并将模仿创新的产品投入市场。而这种创新成果一旦流入市场,又会引起周围企业的模仿,并且更有创意。

在集聚区内部,一些企业的好的产品创意往往很难长期独享。因为集聚区内部人员流动频繁,行业之间相互学习,从而促进产品的改进。可见,模仿性创新在桑坡村皮毛加工产业集聚区的发展、升级中起着非常重要的作用。

5. 产业集聚区竞争优势来源的特殊性

一是良好的地域文化环境。离开了特定的地域文化背景和制度取向，产业集聚区就不可能成长、壮大。从桑坡村皮毛加工产业集聚区的发展来看，其具有特色的地域文化资本起到了重要的作用。博大精深的中原文化，培育了富于创业精神的当地企业家。他们利用传统皮毛加工的经商优势，结合现代技术优势，发展现代皮毛加工产业。桑坡村村民是"家族而居"，初期的家庭皮毛加工小作坊，使得管理成本大大降低。由于一个村庄的人们具有相同的生产、生活和行为习惯，其意识形态与价值判断是趋同的，企业间的冲突能够得到缓解，有利于产业集聚区的成长、发展。

二是当地各级政府部门的大力支持。桑坡村皮毛加工产业集聚区的发展，离不开当地政府部门的支持。政府部门在集聚区发展的初期，给予其政策支持，为其解决了土地、资金、技术等问题，使集聚区不断发展壮大。在成长期，政府部门通过扶持成立大公司，树立了皮毛产品品牌形象。政府部门建立了皮毛商贸城，拓宽了产品的销路。通过金融机构、科研机构、服务机构的设立使产业集聚区不断完善。政府部门通过对污水处理、通信、电力、关键技术等方面问题的解决，使产业集聚区有了一个良好的经济环境。

三是生产要素成本低廉。在桑坡村皮毛加工产业集聚区内，一些企业扩大规模需用土地，其地租十分低廉，每公顷每年只需5000元左右。皮毛加工业需要的劳动力，多是桑坡村周围的村民，离家较近，生活方便。工人只须接受简单培训即可上岗。工人平均工资只有700—800元，但工人的满足感却很强，积极性也很高。

（案例来源：http://www.ssfcn.com/detailed_zz.asp?id=8853 2013-11-4）

第2节 产业集聚的困境

在产业集聚过程中正的效应被集聚区内的企业分享的同时，对外也形成了强有力的吸引力——吸引更多的产业集聚而来。当集聚规模越来越大，超过了某个阈值，负的效应就会凸显，集聚不经济就会产生，诸如拥挤不可避免，环境的承载力有限，技术锁定，创新不足，等等。

一 拥挤不可避免

部分研究成果表明，产业集聚对产业成长具有消极影响。布雷克曼（Brakman，1996）运用一般均衡模型研究了开放经济下产业集聚发展对经济波动和产业成长的影响，发现当集聚发展到一定水平时就会产生"拥挤效应"。陈（Chen，2009）通过对台商在大陆投资的决定因素的研究发现，集聚规模存在一个阈值点，超过这个点就会出现明显的"拥挤效应"。舍特来和伊尔姆斯里（Sedgley & Elmslie，2001）在研究美国制造业单位资本投入的创新效应时发现，过度集聚所引发的"要素拥挤效应"对专利产出具有显著的消极影响。阿科塞图罗等人（Accetturo et al.，2009）提出了产业集聚发展中的"拥挤成本"（congestion costs）问题，证明了"拥挤成本"对长期经济增长的消极影响，并结合知识溢出和收入分配，得出了与新经济地理理论和中心—外围理论相反的"克鲁格曼式悲剧集聚"（Krugman-type catastrophic agglomeration）的结论。① 法玛内什（Farmanesh，2009）的研究发现，当集聚发展到一定程度时工资会明显上升，这会阻碍产业的成长。格雷瑟和梅尔（Glaeser & Mare，2001），西科恩（Ciccone，2002），库姆斯等（Combes, et al.，2003），芬格尔顿（Fingleton，2005），刘修岩、殷醒民（2008），范剑勇（2006）等从城市化经济的角度研究了产业空间集聚所产生的外部性对工资水平的影响，这种市场潜能可以增加名义工资。埃尔斯纳（Elsner，2004）发现，政府的产业集聚政策导致了产业集聚的周期性变化和经济的周期性波动，对就业产生了明显的负面影响。威尔逊等（Wilson et al.，2007）研究了产业集聚的生命周期、路径依赖和锁定关系及其对产业成长的影响，结果认为，产业集聚的生命周期主要受制于市场力量、技术变化、市场结构和政府行为四个因素，每一个因素的变化都会对产业集聚的发展产生影响进而导致产业成长的周期性变化。

---

① Accetturo, A., and P. Edison, 2009. "Agglomeration and Growth: The Effects of Commuting Costs," *Regional Science*, 89 (1): 173-190.

二 环境损害将会加重

在产业集聚过程中，由产业活动导致的生活环境退化的污染越来越严重。近年来，环境经济学研究没有考虑区域产业的集聚效应。因为产业集聚现象是环境公平和环境保护研究中必不可少的因素，所以需要将产业集聚因素纳入环境公平分析中。为此，针对产业集聚过程中的环境损害，有些学者探讨了基于环境公平考虑的区域产业集聚困境问题。慎治和内藤（Hosoe and Naito，2006）考虑到产业集聚会通过空气污染、水污染等影响其他部门的生产率，因而将环境因素引入 NEG 模型中，对跨边界的污染传播与区域集聚效应问题进行研究。研究结果表明，人口的均衡分布取决于环境资本损害的模式，在跨边界污染存在的情况下，某些均衡的分布模式是可能的，并有多重均衡。鲍文等（Bowen et al.，2009）在对产业集聚和环境不公平的区域科学解释的研究中，明确将产业集聚纳入环境公平分析中，以新泽西州具有空气污染的工业设施的区位是否接近少数族裔区位为案例，研究得出产业集聚是新泽西州具有空气污染许可证的工业设施区位的重要决定因素。埃里克·彼得（Erik Peter，2002）构建了包括环境负外部性和集聚外部性的单中心城市的一般空间均衡模型，研究城市中两类外部性间的相互作用以及城市地区空间结构的市场均衡，并与孤立的环境税和与外部集聚利益补贴相结合的环境税两种政策下的均衡相比较。结果表明，追求环境目标有时可能会以降低集聚经济为代价。

三 区域竞争已经加剧

产业集聚条件好、集聚规模大、集聚水平高的地区更容易吸引更多产业的嵌入，而产业集聚条件差、集聚规模小、集聚水平低的地区则会出现产业集聚不足的现象，由此导致区域不均衡现象加剧，引发区域间发展差距的扩大。吴颖、蒲勇健（2008）运用空间经济理论，构建了新经济地理学（NEG）模型，研究区域产业过度集聚负的外部性对区域总体福利的影响，并计算出最优产业集聚的参数阈值。结果显示，在阈值范围内，区域系统内的适度集聚会带来总体福利水平的增加；大于适度集聚阈值，则过度集聚的负外部性会给区域系统福利带来损失。杜邦（Dupont，2007）利用内生地理增长模型分析了经济一体化对个人不平等和区域差距的影响。他假设，溢出效应是地方化的，资本是完全流动的，那么地理集聚会促进学习的溢出效应和促进增长，降低区域内和区域间的不平等。经济一体化能够促进增长和增加收益，但会使得个人和区域不平等状况恶化。这引起了公平与效率的权衡问题，因为空间公平和社会公平在一体化过程中会沿着不同的方向演化。因此，他提出，与众不同的政策在于增进地区间思想的交易（Trade in Ideas）。延（Jens，2006）将不可贸易的家庭物品作为第三种要素纳入 NEG 模型中，分析生活总成本的空间范围。与标准的 NEG 模型的预言不同，研究结果表明，核心—边缘（C-P）结构能够内生地出现，在该结构中核心地区是更昂贵的区域。假如在区域产业集聚过程中生活成本上升，那么核心地区没有获得名义工资溢价的不可流动的工人会经历实际工资的降低，因为核心地区有更高的生活成本指数。

案例：青岛 1919 文化产业园为何盛极而衰

近日，关于山东省复合式经典创意产业集聚区——青岛 1919 文化创意产业园（以下简称"1919"）已成为一具空壳的消息在网上不胫而走。"1919"占地面积达 130 亩，作为青岛市文化创意产业十大重点园区之一，创立之初红极一时。然而开园不到 4 年时间，如今的衰败景象不禁让人唏嘘，昔日的重点工程最终竟沦为"欠薪项目"。

"这不是我预期的样子"

据了解，"1919"在 2009 年由青岛创意投资有限公司（以下简称"创意公司"）开发，是在利用卷烟厂旧厂房的基础上加以改造，打造成青岛"798"艺术聚集区的。但规划中除"1919"烟草博物馆、青岛创意中心、当代艺术中心等文化项目外，还包括建设国际建材博览中心这一与文化园区联系并不紧密的商业项目。

进入"1919"美术馆，穿过走廊，标有号码的艺术家工作室房门紧闭，透过玻璃窗望去，要么堆放着零乱的杂物，要么是空房间。在仅有的两间开放的工作室内，几名学生正在老师指导下学习油画课程。在标有"山东省雕塑艺术家协会"的房间里，铺满尘土的地面似乎表明协会早已撤离。在楼层入口处标示的"山东水彩画创作中心"及"维也纳当代亚洲艺术交流发展中心"等机构，在楼层内并没有踪迹。

"这不是我预期的样子，当前这种环境远远无法产生艺术家集聚效应。"在3层的一间工作室里，水彩画家宿仁昌无奈地表示，起初来这里作画、办展览的目的是希望借助园区平台所营造的艺术氛围吸引人气，同时加强与其他艺术家的交流。然而，目前常年开放的工作室不足10家。

"一期项目改造后面积近20万平方米，二期1919创意大厦等项目面积近22万平方米，总面积将达42万平方米，是山东省内规模较大、门类较全、品质较优的创意产业集聚区。建成后将吸纳约2000个企业入驻，实现就业1万人以上。"这是2009年"1919"刚开园时的新闻报道。如今的衰败与当初的这一目标形成了鲜明反差。

园区的另一位画家刘志芳坦言，园区刚成立时确实经历过短暂的辉煌期。随着各艺术机构相继入驻，青岛当地大批艺术家慕名而来，入驻该园区的艺术家们几乎每人每年都会举办一次省级以上的艺术展。

上述两名画家认为，造成这种局面的原因是缺乏专业的文化园区运营管理人员，加之地理位置较为偏僻，商业配套设施较少，因而难以聚集人气，从而导致经营不善。

土地性质引发争议

据了解，园区改造建设的施工方，曾于2009年先后4次与创意公司签订有关卷烟厂旧厂房改造与扩建的施工合同。在项目初期存在资金不到位的情况下，各种建设材料的购买由施工单位先行垫付，直到项目快停工时才收到部分材料款，用于继续施工建设。

"导致当前这种局面的并不仅是经营不善，根源还在于这块地的土地性质没有转变。"创意公司相关负责人透露，2009年3月，在当地政府的政策鼓励下，土地所有方与创意公司签订合作协议，将原卷烟厂闲置厂房租赁给创意公司使用，并授予其对原厂房改造和扩建的权利。

创意公司负责人直言,正是产权方没有履行合同中将土地性质由工业用地转为商业用地的条款,因而导致建材商城从规划到消防都无法得到验收,进而无法结算工程款项。若在这种前提下开业属于违法经营,出于保护商家的利益,创意公司不得不陆续劝离了几百户商家,以至于落到今天这种地步。

据创意公司负责人介绍,公司为改造建设该园区项目共投入数亿元。由于没有直接收入,粗略计算平均每年损失达 3000 万元。

对此,产权方负责人表示,双方签订的仅是简单的厂房租赁合同,并不涉及土地性质的变更问题,后期出现的营业萧条等局面与土地用途未变更无关,且近期青岛市规划局对其利用原有厂房,在土地用途不变更的情况下发展创意产业的行为予以书面确认和支持。

"如果是政府认定的文化园区,其可以在工业用地性质不变、建筑物不变、产权关系不变的基础上建设。"青岛创意 100 产业园同样是在原青岛市刺绣厂基础上改建而来的,其行政经理曹春盛证实,文化产业园区不需要将原有厂的土地性质由工业用地变为商业用地,除非是利用其作为纯商业经营。

创意公司相关负责人则认为,"1919"的最终目的是发展文化创意产业,为艺术家提供良好的创作环境,但是文化产业回报周期较长,产业链尚未成熟,最初为吸引艺术机构和艺术家进驻园区,甚至不收取任何房租。在这一前提下,必须有实体商业项目作为经济支持,建设国际建材博览中心正是出于这一考虑。

文化园区发展应掌握规律

目前,这场由土地性质引发的纠纷仍在持续发酵,但无法掩盖的是创意产业集聚区衰败的事实。近年来,在各地纷纷上马各色文化园区项目的背景下,这样的衰败或许仅仅是冰山一角。

山东财经大学艺术学院院长范正红表示,频繁上马的文化园区项目往往带有地方政府和企业家急功近利的色彩,由此引发的文化园区兴衰值得反思。这不仅是对文化发展秩序的破坏,而且在政策鼓励的背景下,一些有实力的实体企业初涉文化产业,经营者本身缺乏对文化的理解,简单切入容易付出代价。

"文化具有特殊性,同样文化产业发展有其自身规律,往往文化产业园区的主导者、经营者本身缺乏对文化的理解,凭借经营实业的经验和模式经营文化产业,这本身就是一种错误。"范正红表示,文化园区的出路不是艺术家和艺术元素的简单拼凑,而是需要一批有能力认定艺术品价值、艺术家层次的经营者和有文化底蕴的决策者作出宏观规划,在此基础上深入了解文化产品消费群体的特殊性,改变传统商品的生产模式。

北京大学文化产业研究院副院长陈少峰对于类似问题也曾表示,现在的文化产业集聚区基本上都是地产集聚,而文化产业园实际上需要的是创意文化企业的集聚。在文化产业高速发展下,什么火了大家就一拥而上,大多数水平很低。对于这些问题,陈少峰建议,文化创意产业园必须具备两个门槛:一是文化创意产业园内的文化产业收入必须占到一半以上;二是投资密度和收益密度要细化。

(案例来源:《中国文化报》2013年8月6日,作者牛其昌)

第3节 产业集聚的动力

外部性有正有负,正的外部性的共享可以促进产业在空间上的集聚,但负的外部性又会促使产业在空间上的分散化。技术溢出也许才是产业集聚的真正动力源泉。产业集聚可以促进创新,企业的创新常常来源于企业之间,企业与用户之间的互动。在产业集聚中,新工艺、新技术能够迅速传播。企业更容易发现产品或服务的缺口和缺陷,受其启发,企业会发现市场机会,研发新的产品。另外,由于在产业集聚区内,不同公司员工之间接触沟通的机会增多,有助于相互间的正式与非正式的交流与沟通,在沟通中获得知识、信息,或者创新灵感,促进知识和技术的溢出。

一 技术溢出是否存在

新古典增长理论是建立在规模报酬不变和地区发展收敛假说基础之上的,因此,无法令人信服的解释生产函数中代表技术进步的内部机制，也无法解释产业在空间上越来越显著的集聚现象。随着内生增长理论和新地理经济学的发展，以往文献对集聚经济的研究大致可以分为两派：一派认为，即使在高科技产业领域，技术外溢也不应被假定为产业定位的典型理由（Krugman，1991a；Auch，1993）；另一派则认为，知识外溢是高科技企业集群形成的显著原因（Jaffe，1989；Jaffe，Trajtenberg，and Henderson，1993；Feldman，1994；Feldman and Florida，1994；Udretsch and Feldman，1996；Anselin and Varga，1997；Anselin，Varga and Acs，2000a；Anselin，Varga，and Acs，2000b）。无论从理论还是经验的角度来看，解释产业集聚现象和经济增长的不平衡性需要重新认识技术外溢和空间范围的重要性以及二者之间的关系（Grossman and Helpman，1991；Lucas，1988；Romer，1986；Romer，1990）。并且，国家间和区域间经济增长的收敛来源于技术溢出（Wolfgang Keller，2002），但是，由于地理特性的原因，技术溢出在区域间发生的机制并不是很好理解，而技术溢出对小范围集聚还是具有一定影响的。

技术溢出的理论基础一方面来自外部性理论，另一方面来自对跨国公司的研究。在外部性理论视角下，技术溢出效应的存在基本上得到了肯定。内生增长理论认为，正是外部性的存在，学习和相互学习使得溢出成为可能。阿罗（Arrow，1962）用外部性解释了溢出效应对经济增长的作用，认为新投资具有溢出效应，不仅进行投资的厂商可以通过积累生产经验以提高生产率，其他厂商也可以通过学习提高生产率。卢卡斯（Lucas，1988）的人力资本溢出模型指出，人力资本的溢出效应可以解释向他人学习或相互学习，一个拥有较高人力资本的人对周围的人会产生更多的有利影响，可以提高周围人的生产率。罗默（Romer，1990）的知识溢出模型认为，知识具有溢出效应，任何厂商所生产的知识都能提高全社会的生产率。除了 Romer 模型、Lucas 模型、Krugman-Helpman 模型等经典内生增长模型之外，京和罗伯森（King & Robson，1993）的知识传播内生增长模型、阿吉翁和豪伊特（Aghion & Howitt，1992）的模仿与创造性消化内生增长模型以及杨（Young，1991）的国际贸易内生增长模型等，都试图说明企业通过增加人力资本、生产新产品和提高产品质量来积累知识，而知识的积累过程会出现外部性或知识外溢效应。

对跨国公司的研究发现,跨国公司的技术转移行为会为东道国带来外部经济(Corden,1960,Caves,1971)。由于竞争的存在,跨国公司与当地厂商的市场特征会对技术溢出效应产生影响。在理论上,跨国公司的子公司主要是用投资决策来影响溢出水平的,研究发现,它对新技术的投资越多,产生的溢出就越多。当地企业要提升对跨国公司技术溢出的吸收能力,就要增加对学习的投资;在学习方面投资越多,其吸收溢出的能力就越强。旺和布洛姆斯特洛姆(Wang & Blomstrom)的分析也证明了当地厂商和跨国公司子公司的投资决策对溢出效应的影响作用。

大多数实证研究的结果支持了正技术溢出效应。凯夫斯(Caves,1974)选用加拿大和澳大利亚两国1966年制造业的行业横截面数据对当地企业的利润率与行业内外资份额之间的关系进行实证研究,发现二者之间呈正相关关系,表明该国制造业存在FDI的正技术溢出效应。格洛伯曼(Globerman,1979)采用加拿大制造业1972年的横截面数据也得出了类似的结论。布洛姆斯特洛姆和帕森(Blomstrom & Persson,1983)选用墨西哥1970年的行业横截面数据也得出正技术溢出效应的结论。与凯夫斯(Caves,1974)和格洛伯曼(Globerman,1979)不同的是,布洛姆斯特洛姆和帕森(Blomstrom & Persson,1983)用劳动生产率替代技术水平。布洛姆斯特洛姆和沃尔夫(Blomstrom & Wolff,1989)选用1965—1984年的行业时间序列数据,对墨西哥的某些特定产业进行了实证检验,也得出存在正溢出效应的结论。刘(Liu,2002)等人对英国制造业的研究发现,也存在明显的FDI正溢出效应,并且,在技术差距比较小的行业里溢出效应更加明显。

也有许多学者的实证研究结果不支持技术正的溢出效应。这类研究基本上都采用面板数据,无论是从国内企业之间还是从FDI的角度对技术溢出进行实证研究,其结果大多不支持正溢出效应的结论(李哲、马君,2010)。不支持正的技术溢出效应的研究包括两个方面:负溢出效应和没有明显溢出效应。艾特肯和哈里森(Aitken & Harrison,1999)对委内瑞拉制造业的企业面板数据进行了研究,其结果支持负的溢出效应。巴里等人(Barry et al.,2001)对爱尔兰制造业的企业面板数据做了考察,结果也发现存在大量的负溢出效应。贾科夫和霍科曼(Djankov & Hoekan，2000）对捷克制造业的企业面板数据做了研究，结果发现技术溢出与企业的性质相关，合资企业对当地企业的生产力水平呈现负溢出效应，而独资企业的溢出效应在统计上不明显。哈达德和哈里森（Haddad & Harrison，1993）对摩洛哥制造业的企业和行业面板数据进行了实证研究，也没有发现存在明显的正溢出效应。

FDI 为当地经济带来的正溢出效应没有得到全面支持，同时，负溢出效应也受到了实证检验的挑战，还有一些学者的研究结果并未发现明显的溢出效应。德里菲尔德（Driffield，2001）对英国制造业行业面板数据进行了研究，结果没有发现跨国公司在投资、产出以及 R&D 方面产生了溢出效应。吉尔马等（Girma et al.，2001）对英国制造业的企业面板数据的研究结果和德里菲尔德（Driffield，2001）相似，也没有发现企业间技术溢出的存在。哈里斯和罗宾逊（Harris & Robinson，2001）对英国制造业从行业、地域及产业上下游的角度进行研究，也没有发现明显的技术溢出效应。巴里奥斯和斯特罗布尔（Barrios & Strobl，2001）对西班牙制造业的研究结果表明在总体上也没有技术溢出效应的存在。达米扬等人（Damijan et al.，2001）对保加利亚、捷克、爱沙尼亚、匈牙利、波兰、罗马尼亚、斯洛伐克和斯洛文尼亚制造业的研究，也没有得出明显支持溢出效应的结论。

无论是外部性理论还是对跨国公司的研究，技术溢出效应的存在在理论基础方面都获得了一定的支持，但是，技术溢出效应在实证检验方面的结果却存在很大差异。从 FDI 的角度对技术溢出效应的实证检验得出的正溢出、负溢出和无明显溢出效应现象的结论并存。通过对大量实证研究的过程和结论进行分析发现，技术溢出效应与行业、FDI 的来源地和东道国等因素具有高度相关性。另外，早期的研究基本上都是采取横截面数据得出 FDI 正溢出效应结论的，但是，采用面板数据的分析大致都得出负溢出或溢出效应不明显的结论，由此推断，溢出效应的差异与实证研究所选取的数据类型之间也存在较大的相关性。

二　影响技术溢出的因素

迈尔（Meyer，2003）指出，以往的研究过分关注溢出效应是否存在的问题，却很少考虑什么样的环境最有利于正溢出效应的发生。近年来，学者们开始把注意力转向对技术溢出效应的影响因素研究。研究的结果大致可以归结为外资持股比例、技术吸收能力、技术差距、市场结构、产业关联度、企业间的距离、人力资本流动以及制度和政策等几方面。

（一）FDI 对技术溢出的影响

第一，外资持股比例。布洛姆斯特洛姆和斯约霍尔姆（Blomstrom & Sjoholm, 1999）认为，外资持股比例会影响技术溢出，跨国公司的持股比例越高，就越有可能转移先进技术；相反，如果持股比例较低，其技术转移的动力就会削弱。但是，托特和谢姆延（Toth & Semjen, 1999）则认为，当地合资伙伴持股比例越高，其获取外国技术就会变得越容易。也有学者（2008）从 FDI 企业产权结构的角度，运用罗马尼亚企业数据得出了开发区内合资形式的 FDI 具有显著溢出效应的结论。

第二，技术吸收能力。东道国企业吸收、消化引进技术的能力，对技术的溢出效应起着相当重要的作用，而这种吸收、消化的能力不仅与人力资本存量有关，也与技术差距有关。科科（Kokko, 1996）通过对墨西哥和乌拉圭两国制造业的研究发现，溢出效应的大小在很大程度上依赖东道国企业对新技术的吸收能力，在一些行业内，企业落后的技术水平严重阻碍了溢出效应的产生。阿布拉摩维兹（Abramovitz）认为，企业的吸收能力影响技术溢出效应，而吸收能力又依赖组织成员的人力素质，即人力资本的高低（Abramovitz, 1986）。巴苏和韦伊（Basu & Weil, 1998）利用"适宜技术"的概念，说明发达国家的技术是和其国内较高的资本存量相匹配的，发展中国家对这些技术不适应的状况会影响技术溢出效应的发生。阿西莫格鲁等人（Acemoglu, 1999）提出了发展中国家的劳动力和引进技术的不匹配问题。FDI 输出国与东道国之间的技术差距对技术溢出效应的影响也被学者所广泛关注。芬德莱（Fiandlay）的研究结果证明了他的假说，即 FDI 输出国与东道国的技术差距越大，技术扩散率就越高；跨国公司在当地的资本份额越高，扩散的速度就越快；技术差距或外资份额是当地企业决策行为的外生变量，但溢出水平与技术差距和外资份额正相关。但是，刘（Liu, 2000）通过对英国 20 世纪 90 年代上半期 48 个制造业产业数据的研究发现，FDI 对英国制造业的生产力有着明显的促进作用，这种作用依赖于英国国内企业自身的生产技术水平，技术水平差距越小，则越有利于 FDI 技术的溢出。光和仁户（Kwang & In Hur, 2000）的研究与刘（Liu）基本相似，认为存在研发溢出效应的原因是公司产生的技术溢出不能完全适合与公司 R&D 有关的资本所产生的回报。当科技含量相对较小、技术差距小时，技术溢出的效应大。

第三，市场结构和产业关联度。光和仁户（Kwang & In Hur, 2000）认为，跨国公司向子公司转移技术的新旧程度和转让速度，从根本上说取决于本国市场竞争的压力。因此，一个介于完全垄断与完全竞争之间的市场结构不仅有利于先进技术的采用，而且会加快先进技术产业内扩散的速度与效率。产业关联度对跨国公司来说，主要表现为跨国公司与供应商、下游顾客企业承销商、代理商以及会计法律事务所等中介机构之间的合作和联系程度。那么其联系或合作的紧密程度从理论上讲也将对跨国公司的技术溢出产生较大的影响。东道国的产业与跨国公司所投资产业联系的紧密度越大，先进技术的辐射作用就越强。

（二）企业空间距离对技术溢出的影响

新古典增长理论是建立在规模报酬不变和地区发展收敛假说基础之上的，因此，无法令人信服地解释生产函数中代表技术进步的内部机制，也无法解释产业在空间上越来越显著的集聚现象。随着内生增长理论和新地理经济学的发展，技术外溢是形成高科技企业集群的显著原因的观点逐渐被认可（Jaffe, 1989; Jaffe, Trajtenberg, and Henderson, 1993; Feldman, 1994; Feldman and Florida, 1994; Udretsch and Feldman, 1996; Anselin and Varga, 1997; Anselin, Varga and Acs, 2000a; Anselin, Varga, and Acs, 2000b）。国家间和区域间经济增长的收敛来源于技术溢出（Wolfgang Keller, 2002），因此，无论从理论还是经验的角度来看，重新认识技术外溢和空间范围的重要性以及二者之间的关系都是非常必要的（Grossman & Helpman, 1991; Lucas, 1988; Romer, 1986; Romer, 1990）。但是，由于地理特性的原因，技术溢出在区域间发生的机制并不是很好理解，而技术溢出对小范围集聚还是具有一定影响的。波坦兹和佩里（Bottazzi & Peri, 2003）以及莫雷诺等（Moreno et al., 2005a）在研究创新绩效的区域差异时重点分析了欧洲区域间 R&D 的溢出范围和影响。波坦兹和佩里（Bottazzi & Peri,

2003）分析了 1977—1995 年欧洲 86 个区域的数据，检验了 R&D 支出对临近区域专利活动的影响。结果表明，距 R&D 源头区域 300 千米以内存在统计显著的影响，并且可以确认 300 千米以外不存在影响。从中可以看出，知识和技术的溢出随距离而衰减。德林等（Döring et al.，2006）在研究知识溢出时借用了格里利兹（Griliches, 1979）的函数形式，用知识投入和知识产出的关系来测试临近企业在 R&D 方面的投资对本地企业在创新产出方面的影响（Anselin et al.，1997；Anselin et al.，2000）。但是，大量证据也表明，影响企业效率的信息知识网络能够并且已经在地理上广泛地传播和扩散信息，在给定的产业集群区里，竞争性企业常常试图保守秘密，而信息通过网络传播的方式，能扩散到其远方的伙伴或盟友那里（Dilling & Hansen；Petersen & Smith, 1994）。

（三）人力资本流动对技术溢出的影响

知识绝大部分是固化在劳动者（特别是中高技能员工）身上的（Arrow, 1962），猎取战略性员工，实际上是提高生产率的捷径，个人在企业间的流动提供了一种信息扩散的途径。奥德茨奇（Audertsch, 1974）认为，企业乐意迁入"信息富裕"的环境，因为企业"扎堆"后，员工间的非正式交流或员工的"跳槽"行为将使各种默会知识（信息）在企业之间传播、扩散。人力资本流动与聚集所产生的知识及技术溢出效应，可使聚集企业的生产函数好于单个企业的生产函数，进而导致企业区位选择的聚集特征与产业集中状况的出现。人力资本的流动及再配置过程会产生技术知识的溢出，容易使企业的区位选择趋于地理上的集中，产业集聚的现象随之发生，这在高技术产业中尤其明显（Audertsch, 1998；Feldman, 1996）。阿尔梅达和科格特（Almeida & Kogut, 1999）通过对硅谷的深入调查，得出硅谷的工程师和技术员工频繁变换工作有助于技术外溢的发生且证明技术外溢确实有利于企业生产力的提高，但技术外溢效应会随着地理距离的加大而逐渐衰退。沃尔夫冈·凯勒（Wolfgang Keller, 2000）通过 R&D 支出对周边国家产生的影响分析，证明了通过人力资本的流动可代替技术流动的结论。内斯利汉·阿多甘纳等人（Neslihan Aydogana et al.，2004）提出两种组织形态可以实现知识的转移：一是集中的聚集场所；二是双向交流。这种聚集场所使企业学习因素得到聚集，方便了人力资本之间的交流，提高了生产率。

（四）制度和政策对技术溢出的影响

克鲁格曼强调制度的重要性，产业集群借助于制度创新所提供的良好发展环境，凭借技术溢出、知识溢出等报酬递增优势得以逐步发展、壮大（Krugman，1991；Krugman & Venables，1995）。梅尔·施塔默（Meyer-Stamer，1999）运用巴西圣卡塔琳娜省（Santa Catarina）产业集聚的历史，证明了产业区位内技术溢出与国家、地方政府的政策和制度安排之间的关系。很多学者也从制度安排的角度对企业集聚的技术和科研活动的溢出效应做了大量研究（Johansson & Nilsson，1997；Cai, Todo & Zhou，2007）。国内学者郑江淮等（2008）从开发区集聚企业功能视角的研究支持了企业进驻的溢出效应，认为这种溢出往往是政府主导的，而且不是内生于企业空间集中的。一旦进入开发区，企业将不可避免地与各种利益相关者（要素所有者）发生交易关系，而这一过程必然会产生各种技术、管理以及市场等方面的溢出效应（蒋殿春，2006；平新乔，2007；Cai et al.，2007；许和连等，2007；马国霞等，2007；Javorcik & Spatareanu，2008）。王文平、谈正达、陈娟（2007）认为，中国的产业集群受当地产业基础、政府政策、外商投资等因素的影响，其内部的知识共享、技术扩散存在很大差异（张元智、马鸣萧，2004；王缉慈，2004；张辉，2005；文嫮、曾刚，2005）。

三 技术是怎么溢出的

技术溢出是通过什么渠道传导出去的呢？研究认为，主要有国际商品贸易、FDI、劳务输出、人口迁移以及信息交流等（Keller，2001），其中以国际商品贸易、FDI为传递渠道的技术外溢通常被称为物化型技术溢出。范·迈伊和范·通厄伦（Van Meij & Van Tongeren，1997）利用物化知识溢出，将不同国家的经济增长率和相互间的贸易联系起来，并采用实证的方法分析了贸易、技术溢出与中国粮食生产之间的关系。科埃、埃尔鲁曼和埃尔鲁曼（Coe & Helpman，1995），科埃、埃尔鲁曼和霍夫迈斯特（Coe, Helpman & Hoffmaister，1997）对技术溢出的路径研究做了一些开创性的工作，但还是侧重于体现物化渠道方面的研究，如有关知识、设备转让或跨国公司等。

但是，技术在过去20年里得到快速发展，国际知识扩散也发生在如互联网、科学文献、国际专利和国际会议等非物化的渠道。马登和萨维奇（Madden & Savage, 2000）发现，通过贸易进口通信、计算机设备和人均电话通话量有助于鼓励研发的外溢。波茨和雷伊（Portes & Rey, 2005）第一个使用全球通电话交流作为整体信息在国家之间流动的一个代理变量，发现更多的国家交流与更好地相互了解有利于技术溢出。此外，王（Wang, 2004）认为，通过国际电话业务的知识流动对收入和生产率的影响远远超过有形的贸易途径，并且IT进口是技术溢出的一个重要渠道。唐玲慧和科威斯（Linghui Tang and Koveos, 2008）探讨了从七国集团到其他发达国家和发展中国家的研发外溢。结果发现，发达国家通过贸易和国际电话业务两种方式将知识扩散到占主导地位的发展中国家，然而，没有发现效果显著的研发外溢是通过外国直接投资这一途径的。总体而言，通过外国直接投资所产生的知识外溢小于通过信息技术贸易所产生的知识外溢。

目前，技术物化的、有形的溢出途径在国际上、区域间、行业间、企业间仍然占主导地位，然而，在信息时代，技术溢出非物化的、无形的途径更应引起学者们的广泛关注，知识经济的迅速发展要求对技术溢出的研究应具有更广阔的视野。

四 技术溢出如何驱动产业集聚

在技术溢出如何驱动产业集聚的形成方面，国内外研究者关注的角度有所差异。

（一）国外研究者的关注

新增长理论和新地理经济学在产业集聚方面的研究成果颇丰。但是，二者都把技术外部性作为"黑箱"来分析产业集聚和产业集群问题，这就会导致开出非常不适当的政策"处方"。从国外来看，关于技术溢出的研究大体是从集群内部人力资本流动、空间距离、技术锁定、制度和政策等视角进行的。

1. 人力资本流动与产业集聚的技术溢出

马歇尔（Marshall, 1895）指出，知识外溢（knowledge spillovers）是驱动产业集聚的重要力量，知识绝大部分是固化在劳动者（特别是中高技能员工）身上的（Arrow, 1962），猎取战略性员工，实际上是提高生产率的捷径，个人在企业间的流动提供了一种信息扩散的途径。企业乐意迁入"信息富裕"的环境，因为企业"扎堆"后，员工间的非正式交流或员工的"跳槽"行为将使各种默会知识（信息）在企业之间传播、扩散，人力资本的流动及再配置过程会产生技术知识溢出（Audertsch，1998；Feldman，1996）。阿尔梅达和科格特（Almeida & Kogut，1999）通过对硅谷的深入调查，认为硅谷的工程师和技术员工频繁变换工作有助于技术外溢的发生且证明技术外溢确实有利于企业生产力的提高。沃尔夫冈、凯勒（Wolfgang Keller，2000）通过 R&D 支出对周边国家产生的影响分析了技术溢出的距离特征，证明通过人力资本的流动可代替技术流动的结论。内斯利汉、阿多甘纳等人（Neslihan & Aydogana at al.，2004）提出两种组织形态可以实现知识的转移：一是集中的聚集场所；二是双向交流。这种聚集场所及产业集群所导致的企业学习因素的聚集，可以形成聚集企业竞争的"合力"，能够提高生产率。

2. 空间距离与产业集聚的技术溢出

弗里曼（Freeman，1982）和伦德威尔（Lundvall，1992）认为，地理集中通过信息交易、知识外溢等方式支持了创新发展。波坦兹和佩里（Bottazzi & Peri，2003）以及莫雷诺等人（Moreno et al.，2005a）在研究创新绩效的区域差异时重点分析了欧洲区域间 R&D 的溢出范围和影响。波坦兹和佩里（Bottazzi and Peri，2003）通过分析 1977—1995 年欧洲 86 个区域的数据，检验了 R&D 支出对临近区域专利活动的影响，结果表明，距 R&D 源头区域 300 千米以内存在着统计上的显著影响，并且可以确认 300 千米以外不存在影响，从中可以看出，知识和技术的溢出随距离而衰减。

3. 技术锁定与产业集聚的技术溢出

产业集聚也会面临"技术锁定"的高风险。维纳布尔斯（Venables，1996）认为，企业可能不愿放弃与现存技术连为一体的聚集经济利益，但这也有可能导致核心区域不仅会延迟新技术的应用过程，而且其集群优势很可能会被边缘区域所取代。克鲁格曼（1998）则从中心—外围模型的角度研究了集群内技术锁定问题。埃米蒂（Amiti，1998）根据两区域模型分析结果证明采用新技术的企业将无法享受依旧使用现存技术的企业所享有的聚集经济性。但是，凯利和黑尔珀（Kelley and Helper, 1997）发现，公司采用新技术的倾向是其组织能力的函数，而区域集聚经济会影响新技术的采用。当公司定位的区域存在集聚经济时，公司会学习得更好，并有更大的能力采用新技术。

（二）国内研究者的关注

自改革开放以来，中国经济活动的空间分布发生了显著变化，产业的地理分布也随之发生改变，产业地理集聚日益突出。国内学者从资本流动、政府角色、企业创新动力等视角研究了产业集聚。

1. 资本流动与产业集聚的技术溢出

国内很多学者看到了人力资本和物质资本在集群内流动的重要性。劳动力在企业之间的流动促进了知识在成员企业间的扩散，而且外部劳动力的流入为外部知识传入及其与集群创新系统内部原有知识的重新组织提供了可能。宁进、于渤（2010）依托长三角地区制造业28个子产业近20年的数据，采用结构熵方法分析了关联产业间技术溢出效应的影响因素。从实证结果看，资本及技术两种影响因素的流动对关联产业间技术溢出效应的影响较强，而人才因素的影响相对较弱。梁启华、何晓红（2006）的研究认为，空间集聚是隐性知识转移和共享机理的作用。魏江、魏勇（2004）认为，专用设备的购买与租赁可能是集群知识溢出源之一，而购买集群内部转移的设备也是知识溢出的重要来源。毛凯军、李纪珍、吴贵生（2007）关于东莞和台州两地集群的实证研究结果，得出了中国产业集群"外向型"技术学习模式是以非正式的方式在集群内扩散的。

2. 政府角色与产业集聚的技术溢出

郑江淮等人（2008）从开发区集聚企业功能视角的研究，支持了企业进驻的溢出效应，认为这种溢出往往是政府主导的，而且不是内生于企业空间集中的。一旦进入开发区，企业将不可避免地与各种利益相关者（要素所有者）发生交易关系，而这一过程必然会产生各种技术、管理以及市场等方面的溢出效应（蒋殿春, 2006；平新乔, 2007；Cai et al., 2007；许和连等, 2007；马国霞等, 2007；Javorcik & Spatareanu, 2008）。王文平、谈正达、陈娟（2007）认为，中国的产业集群受当地产业基础、政府政策、外商投资等因素的影响，其内部的知识共享、技术扩散存在着很大的差异（张元智、马鸣萧，2004；王缉慈，2004；张辉，2005；文嫱、曾刚，2005）。彭向、蒋传海（2009）认为，大型寡头企业的策略性选址对形成地方性产业集聚、带动当地经济发展的作用举足轻重。而影响企业选址的因素很多，技术溢出和运输成本是重要因素。其研究发现，企业集聚是完美纳什均衡，技术溢出是导致企业集聚的重要原因。

3. 公共知识与产业集聚的技术溢出

杨洪焦、孙林岩、吴安波（2008）认为，由于产业聚集的地理接近性，产业聚集区内所存储的大量知识有着较强的溢出效应，厂商为了获取技术溢出效应而在产业聚集区内投资办厂。朱英明（2003）认为，知识技能在产业集群中的扩散作用引致产业集群创新优势的发挥，吸引产业集群中的外部行为主体和试图利用外部知识的当地行为主体共同推动知识技能的流入。王冰、顾远飞（2002）认为，信息和知识共享机制[①]是产业集聚的重要原因，也是产业集聚有别于单一企业和市场的根本所在。王步芳（2005）构建了产业集群核心能力的分析框架，从理论上说明了学习效应是产业集群发展的内生动力。郭晓林、鲁耀斌、张金隆等（2006）认为，产业共性技术促进了产业集群的形成。产业集聚是一个含有各种企业网络协作活动的庞大复杂系统（胡珑瑛、蒋樟生，2007）。

4. 创新动力与产业集聚的技术溢出

张杰、刘志彪（2007）把中国地方产业集群内微观企业创新动力的集体缺失与升级动力不足归因于集群内模仿—套利行为的普遍盛行。刘东、张杰（2007）认为，在产业集群内集群宏观层面的创新效益和企业微观层面的创新投入存在内在的不一致性，正是这种创新投入和收益在主体和时空上的不一致性，形成了产业集群内创新动力和外溢效应的复杂性和内在冲突。有些学者研究了承接国际软件外包的技术外溢效应（刘绍坚，2008；陈柳、刘志彪，2006；江小涓等，2004；谢光亚

[①] 企业集群的信息共享机制是指企业集群所特有的制度、结构安排，使得信息能够快速流动、传播和共享。企业集群的信息共享机制来源于它的地理位置的集中性、组织结构的网络化、地域根治性及其相互作用。

等，2006）。于旭、朱秀梅（2010）对长春市软件产业集群的97家软件企业的调查问卷进行了实证分析，构建了技术溢出、吸收能力、企业创新环境与企业创新绩效等变量之间关系的理论模型。研究结果表明，在集群内，技术溢出对企业创新绩效具有直接影响，且两者之间的关系受到企业吸收能力和企业创新环境的正向调节。另外，企业吸收能力对集群企业间的技术溢出具有积极影响。魏守华、吴贵生、吕新雷（2010）认为，产业集群环境、产学研联系的质量、对区外技术溢出的吸收能力会影响区域创新能力。

第4节 一点思考

产业集聚的优势如何更好地发挥？如何突破集聚经济所面临的现实困境？技术溢出能否成为产业集聚的持续内在动力？立足于中国的产业发展现实，从技术溢出的角度破解中国产业集聚和升级的难题，既需要国际化的研究视野，又需要对中国现实的关注。目前，关于技术溢出的大量研究都集中在国际上、国家间和区域间效应上，而对一个国家内部行业间、区域间、企业间的溢出效应关注则较少。内生增长模型基本上都试图说明企业如何积累知识。这些模型虽然出发点不同，但都表达了一个基本思想，即企业是经济增长的最终推动力。因此，对企业间技术溢出的深度研究应该更有意义。无论是从世界范围还是一国内部来看，企业集聚已成为参与竞争的主要力量，但是，由于集群数据的缺乏，对技术溢出定量化的计量检验研究较少。在研究企业集聚问题时，技术常常被作为"黑箱"，如果用技术外部性的"黑箱"来分析企业集聚，就很难得出适当的产业政策。因此，随着空间计量经济学模型的发展和运用，要进一步检验企业集聚的技术溢出效应对产业发展的推动作用，收集国内各省（市、区）的数据对企业间、行业间和行业内技术溢出和经济增长的研究更具现实意义。

关于技术溢出途径的研究大多集中在商品贸易、FDI、劳务输出、知识、设备转让等物化渠道方面。然而，随着信息技术的发展，对国际会议、学术交流等非物化渠道的研究更应受到重视。而且，非物化渠道对技术溢出和经济增长的作用机理也应该被纳入研究视野之中，尤其是在产业集聚过程中,对能够促进技术溢出的生产网络、服务网络以及技术标准联盟等的研究还比较缺乏。

面对中国产业集聚的事实,把技术溢出与中国产业发展的现实联系起来,寻找经济现象间内在的本质联系,关键是要结合产业特征和产业结构,制定有效的产业政策。中国产业集聚的现象越来越明显,产业结构的升级也越来越快,产业发展所面临的问题和障碍也越来越多,因此,对理论与现实结合的研究需求也极为迫切,立足于中国的产业发展现实,破解中国产业发展的难题,需要国际的研究视野,更需要对中国现实的关注。

中国产业集聚的一个不可忽视的问题是,以政府主导为主要特征,"扎堆现象"严重,而作为产业集聚核心竞争优势的专业化分工、创新等优势并未得到充分体现。以获取"政策租"为目的的企业聚集现象大量存在,这导致集群内部"集体创新缺乏"。因此,在创新成为支持产业集聚持续发展的前提下,如何保持集聚优势的持久化和最大化,实现中国产业集聚的可持续发展,就成为我们必须回答的问题。产业环境、政府责任、产业政策应该成为产业集聚的技术溢出效应研究的侧重点,因为这些才是中国经济发展需要面对的、需要解决的和需要深思的最现实的问题。

案例:无锡为何成为物联网产业集聚地

"从现在开始的3至5年,应是物联网真正走向应用发展的关键时期。在经历一段'物联网狂热'之后,2011年开始,物联网发展会逐步进入更加清醒的实际发展阶段。目前我国物联网产业还须认真解决的问题有产业规模小、行业标准须探索完善、应该采取什么样的商业模式、物联网的产业链如何延伸、跨行业交叉人才如何培育5个方面的问题。下一步,以无锡为中心的物联网示范工程将会明确立项展开,未来将在全国推广。"3月10日下午,工业和信息化部电子科学技术情报研究所副所长刘九如对记者说。

驱车无锡市,在沿途的楼宇标牌、灯箱广告上,最常见的字眼就是"物联网"、"传感";在街头随便询问一位市民,他也能就

"物联网"这个话题跟你聊上几句。自 2009 年 8 月温家宝总理提出要在无锡建设"感知中国"中心以来，物联网在无锡深入人心，"感知中国"中心的雏形已然显现。

如无锡市信息化和无线电管理局局长张克平所言，截至 2010 年 12 月底，无锡市有物联网企业 248 家；2010 年无锡共签约物联网项目 214 项，总投资约 168.7 亿元。中移动等五大网络运营商及国内 18 所知名高校先后在无锡设立研发机构和应用推广中心。无锡还成立了无锡物联网产业研究院，由国家 "973" 物联网计划首席科学家、国家传感网标准工作组组长刘海涛担任院长，重点开展物联网产业化顶层设计。无锡成为物联网产业的集聚地，也成为中国物联网的代名词。

然而，为什么是无锡？无锡做好领跑中国物联网产业发展的准备了吗？有人并不理解温家宝亲口"点将"无锡——一个传统概念里的二线城市、江苏省的"小上海"。

无锡市委常委、常务副市长徐劼一语中的：无锡近年来围绕经济结构调整和产业升级做了大量的探索和实践，已具备转型条件，加上地处长三角中心，产业链齐全，特别是微电子产业的产能和制造技术稳居国内第一，所以赢得"感知中国"中心地位就在情理之中了。且无锡多年前就开始发展集成电路、新能源等新兴产业，并特别重视引进高端人才，在引进人才的优惠政策上也始终落实到位，即使面临国际金融危机的冲击，财政也没少拿出一分钱。

作为中国民族工商业的发祥地，无锡规模以上制造业在全国城市中一度排名第七。传统制造业在推动无锡经济增长的同时，也使当地的发展显得笨重、粗放。此弊病在 2007 年太湖"蓝藻事件"爆发后暴露无遗。当时，这座被称为"太湖明珠"的经济重镇损失的不仅是声誉，还有众多被迫关停或迁离的工业企业，这个以开创苏南模式而闻名的工商业城市，如一夜间被抽去筋骨，"往何处去"成为无锡绕不开的难题。

无锡并未一蹶不振。看到由施正荣领军的无锡尚德，带动无锡太阳能光伏产业产出占到全国的半壁江山，无锡找到了"拐弯"的灵感。而当一系列引进领军人才、再造新兴产业链政策出台后，光伏、集成电路（IC）等轻型、高附加值产业在无锡快速崛起，成为当地经济发展的新支柱。无锡找到了转型的感觉！

一方面，"无锡从上世纪70年代就开始引进半导体产业，还在90年代实施了国家'908'工程。迄今，无锡已形成完整的IC设计、制造、封测产业链，是仅次于上海的中国IC产业产值第二大城市。IC产业是物联网产业链中不可或缺的一环，无锡大量IC设计企业在近年已将研发方向转入传感及RFID领域，几乎所有的设计企业都与物联网的配套相关，良好的IC产业基础使无锡成为物联网产业的天然襁褓。"徐劼说。

另一方面，无锡近年来频频出台的人才政策也有利于新兴产业的发展：该市于2006年实施"530计划"，计划5年内引进在电子信息、环保和新能源等领域的30名领军型海外留学归国创业人才。据该计划，政府要向创业者提供100万元人民币的创业启动资金，并依项目情况提供不低于300万元的风投资金等。截至2010年9月，已有1067家"530"企业落户无锡，包括尚德、美新半导体在内的明星企业在此计划下成长起来，并实现了产业的集群。"530计划"不仅为无锡引来了"凤凰"，更推动了产业的转型升级和城市气质的提升。

"凭借良好的产业基础和人才优势，无锡在全市形成'一核多元'的物联网空间布局，将无锡国家传感信息中心（无锡太湖国际科技园）、滨湖经济开发区、南长传感网高新园共计15平方公里作为全市物联网发展的核心区，并在新区、滨湖区和南长区形成物联网发展的重点区，全市其他6个市（县）区则作为物联网发展的支撑区。"无锡市发改委副主任苏益民说。

据无锡国家传感信息中心管理委员会主任周立军介绍，该中心内传感网创新园已于2010年8月开园，至2010年底累计引进项目20个，注册资本16.9亿元；传感网信息服务园仅在2010年上半年就落户传感网专业运营商、应用服务商等30家，将为传感网走向全面应用提供完善的解决方案。

此外，无锡（南长）国家传感信息中心已于2010年12月揭牌，南长区科技局局长吴春娟说，至2012年末，此中心将集聚物联网企业200家；在无锡滨湖区，则累计引进物联网及相关企业80余家，引进物联网领域人才450余人。在由深圳清华大学研究院与无锡市政府合作设立的江苏数字信息产业园内，已引进物联网及相关企业5家。"我园将重点培育传感网和高清数字生活两大龙头产业。"江苏数字信息产业园副总经理秦学军说。

作为中国物联网产业发展的排头兵，无锡市对"物联网概念"采取不争议的态度，该市在物联网产业的布局以核心芯片制造、软件开发、通信和信息处理等高科技企业为主体，辐射物联网产业链重点技术。面对中国物联网产业火热发展的局面，无锡则认为要以开放的态度抱团发展物联网产业。如张克平所言：发展物联网产业不是无锡的特权，但各城市要避免跟风发展。各地互补发展才有利于中国物联网产业的健康发展。

(案例来源：中国经济网，2011-03-22)

第 3 章

产业集聚的技术溢出理论、测量及模型评价

内生增长理论和创新理论的最新发展强调技术溢出的重要性。近年来的研究已经确定了空间技术溢出介导的存在,外溢机制的力量所涵盖的行业范围越来越广泛,从传统行业直到高科技行业。杰夫(Jaffe,1989)、罗默(Romer,1990)、阿克斯等(Acs et al.,1994)研究发现,单个行业在区域上聚集程度越高,技术溢出效应就越大。但是,这些集聚区内技术溢出效应大小为何会存在差异,如何测量这些差异,如何运用恰当的计量模型对溢出效应进行有效估计是目前研究亟须探索的问题,这些探索性研究的目的在于制定合适的产业集聚政策,对产业集聚进行规制和引导。

第 1 节 产业集聚的技术溢出理论

一 货币外部性与技术外部性

外部性一直被认为是经济学中最难捉摸的概念(Tibor Scitovosky,1954),但又确实影响着市场主体的福利,所以很多经济学家对其概念和内涵都做了充分的研究。瓦伊纳(Viner,1931)从来源方面把外部性分为货币外部性(Pecuniary externality)和技术外部性(Technological externality)。货币外部性是指生产者彼此之间通过市场所产生的外部性,它产生于经济活动中一些投入和产出的价格变化,是强调生产函数(技术)上的相互依赖;技术外部性是指纯粹由技术或其他方面的关系而不是由市场机能所产生的外部性,最终的效果可能也是一

些相关变量的价格和价值的变化,是强调价格体系(市场)的相互依赖。他认为,货币外部性通过时间起作用,与整个产业规摸相关,对于货币外部性而言,由于外部经济的动力,生产要素产生了集聚的趋势;当集聚到一定程度时,就产生了外部不经济;当单位产品成本开始上升时,就出现了经济要素扩散的趋向。技术外部性是在一个静态均衡的框架里起作用的,与企业间关系、企业环境相关。对技术外部性而言,存在外部经济产生集聚引力,吸引与技术外部性相关的经济要素(主体),但外部不经济的存在会导致经济要素的扩散。外部性是产业集聚和技术溢出的重要原因和影响因素。马歇尔(Marshall,1890)发现了外部经济与产业集群的密切关系,并在外部经济理论的基础上解释了企业在同一区位集中的现象,认为劳动市场共享,专业化投入品和技术、服务、知识外溢这三方面的外部性是导致产业集群的重要原因。

(一)货币外部性

货币外部性对产业集聚的影响主要体现在劳动力市场及公共设施的共享、专业化分工方面。瓦伊纳(Viner,1931)指出,一个企业是某个行业的一部分,当整个行业增长时,企业为它的生产要素支付的价格降低而使企业的单位成本减少,这时候就存在货币外部性。克鲁格曼(1991)通过对制造业地理集中的分析认为,在完全竞争性一般均衡中,货币外部性不产生福利影响,也不会产生动态性问题。但在不完全竞争和收益递增的假设下,货币外部性则起着重要的作用,而不完全竞争假设更符合一般市场的事实。

1. 劳动力市场的共享

劳动力市场共享对产业集聚的影响主要源于劳动力市场的流动性,劳动力流动是促进信息、知识、技术扩散和传播的重要途径,企业也趋于在容易找到丰富的劳动力和专业化劳动力的地方进行生产,以便招聘到具有良好专业技能的工人,并降低在劳动力市场的搜寻成本。在劳动力自由流动的市场中,具有专业知识和技术的工人总是趋向于向可提供充足就业机会和支付较高报酬的地方流动。根据克鲁格曼(1991)的分析,劳动力供给与需求促成了产业在空间上的集聚,也成为早期企业"扎堆"的理由。

2. 专业化分工

专业化分工是影响产业集聚的重要力量。专业化分工所形成的社会化分工网络把人员培训、销售网络的建立、运输成本的降低、原材料的供应全部纳入其中。这种专业化分工的发展有可能形成地区性的新产品、新技术孵化器，以及企业集聚的良性循环机制。因此，通过深化专业分工，并在分工的基础上建立密切的合作关系，是吸引企业在地理空间上集聚的重要力量。而专业化的分工则需要专业化要素投入的支持，这些专业化的要素包括原料、专有设备、服务甚至低价格的土地使用权等。这些专业化要素的投入会吸引大量相关产业的企业在小范围内集聚，因为相关产业和上下游产业的企业集聚不仅能够节省交通运输成本，还可以迅速、快捷地获得市场信息，以及降低交易成本和交易风险。

3. 公共基础设施共享

公共基础设施的共享可以降低集聚区内企业的平均生产成本。企业生产需要交通运输、水、电等基础设施供应，由于大量企业聚集在一起，公共设施需求的集中投入可以使投入获得规模经济，从而提升产业经济的外部性，降低单个企业所负担的公共设施成本。企业通过共同使用公共设施，减少分散布局所需的额外投资，并利用地理接近性节省相互间物质和信息流的转移费用，实现集聚经济。

货币外部性对吸引产业在一定空间范围内集聚具有正反馈作用，这种外部性效应会成为新企业进入这一地区的重要影响因素。从理论上讲，货币外部性是通过市场起作用的，因此在完全竞争和规模报酬不变的条件下其作用不明显。但在不完全竞争和规模报酬递增的假设条件下，货币外部性对产业集聚的作用不仅明显而且直观。因此，大量关于产业集聚的研究文献都把研究的重点放在对货币外部性的研究方面，或直接以货币外部性为研究集聚经济的前提假设。

（二）技术外部性

马歇尔的外部性理论指出，技术溢出是影响外部性的重要因素。但是，由于技术外部性难以量化和模型化，长期以来被认为是"难以捉摸"的因素（Krugman，1987），因而被忽略或被作为"黑箱"处理。但是，随着产业集聚的发展，尤其是高新技术产业集聚现象越来越明显，技术外部性对产业集聚的影响更应引起足够的关注。技术外部性对产业集聚的影响作用至少有这样两个方面是不容忽视的。

1. 技术外溢

显然，企业在特定空间上的集聚有利于新知识、新技术、新创意在"扎堆"的企业之间传播和应用，马歇尔认为，在这个过程中行业的秘密变成了众所周知的事件，对于机械流程和企业一般组织上的发明和改进，因其所取得的成绩，将迅速地为他人所研究。[①] 因为一般性科学技术知识可以产生技术外部性，使全社会都能获得规模经济，科学技术知识只是在产权方面才有排他性，其本身并不具有排他性（Arrow, 1962）。在集聚范围内，一个企业的管理方式、新技术、新工艺等都会因一般性知识的非排他性和技术工人的自由流动而产生外溢，成为集群内的公共知识和技术。这些技术知识是企业地理空间距离的函数，只有在空间上"扎堆"的企业才能获得外溢技术，这种溢出会随着距离的增加而衰减。正是基于对技术外部性的分享，企业才会出现在空间上接近的倾向，产业才会在地理空间上集聚。

2. 干中学

阿罗（Arrow, 1962）建立的"干中学"模型可以形象地反映集聚企业享受技术外部性的一个方面。边干边学是依靠经验，经验具有递增的生产力，随着经验的积累，单位产品成本随生产总量而递减。这也有力地解释了集聚区内大部分企业是创新的后进者的原因。由于地理位置上的接近性，企业可以迅速掌握技术知识和技术市场的变化，并通过相互间正式的和非正式的交流而获得相应的技术或管理经验，并在边干边学的过程中提高效率和降低成本。在集聚区内，大部分企业可以很快学习消化集群中产生的新技术，通过模仿或加以改进来快速地生产出新产品，并将之投入市场，从而获得创新利润。而更多的企业可以为创新企业的产品提供上游或下游的相关配套产品或中间品投入，并可以得到上、下游企业的创新支持。

技术外部性在产业集聚区内更容易发生，但集聚区外企业则难以获得这一便利。公共知识的共享、学习性区域都是支持产业集聚现象持续

---

① 黄坡、陈柳钦：《外部性、产业集群与城市化》，《重庆社会科学》2006 年第 7 期。

发生的重要外部性力量，而这种力量相对于货币外部性而言显得更为隐蔽。

二 技术溢出与经济收敛

（一）经济收敛机制

早期关于收敛的研究只注重资本因素的影响，而技术对经济收敛的作用并未得到足够的重视。① 但是不同经济体存在技术差异的事实引起了更多研究者的注意（Benhabib & Spiegel，1994；Barro，1995；Bernard & Jones，1996），认为对经济收敛的研究应更多地考虑技术进步和技术转移因素，并从关注资本边际报酬递减向关注技术扩散和转移方面转变，拓展了收敛机制的研究。随着新增长理论的发展，技术扩散是除资本收益递减之外导致经济增长收敛的另一个重要因素。

技术创新的成本很高，对发展中国家而言，经济增长的源泉并不一定都是依赖自主创新的前沿技术，相反，在很大程度上来自于采用处于发达国家技术前沿后面的技术，通过模仿先进技术和吸收技术扩散来提升技术（Caselli & Coleman，2000）。积极地吸收来自发达国家的技术扩散有助于发展中国家的经济增长，从而可以实现发展中国家向发达国家的经济收敛。费格伯格（Fagerberg，1994）把各国或各地区间经济增长率的差异归结为三个方面：技术扩散；自身技术知识的积累；利用技术知识进行创新的能力增长。对于发展中国家或地区而言，国外或周边地区的技术扩散是经济增长的主要动力。克鲁格曼（1987）通过构建两地区两部门模型来说明技术溢出和经济收敛的问题，该模型假定只有高技术部门才能从国际技术扩散中获益。巴罗和萨—伊—马丁（Barro & Sala-I-Martin，1997）构建的理论模型将国际技术扩散的过程动态化，使技术领先国的筛选由于技术扩散而成为一个动态过程，国际技术扩散对于经济收敛的影响是动态的，收敛是有条件的。其原因在于技术追随者通过模仿和学习前沿先进技术，以实现经济向技术前沿的靠拢。

---

① Baumol（1986）采用 Maddison 数据对工业化国家进行研究，发现经济增长存在收敛特征。但 Delong（1988）认为，Baumol 的研究是建立在样本选择有偏基础上的，如果把样本扩展到非工业化国家，则不存在收敛。

但是，现实并非如此，因为模仿成本远远低于发明成本，对于大多数经济体而言更偏向于模仿而不是发明。成本相对较低的模仿意味着技术追随者成长比较快，往往会赶上技术领先者，但是如果缺乏知识产权保护，技术创新就会失去激励，技术创新的数量将会下降，技术追随者的模仿成本将会增加（模仿成本增加类似于资本收益递减），造成追随者的增长速度趋于下降，因此在技术扩散的模型中就会出现有条件的收敛模式。德特拉贾凯（Detragiache，1998）关于技术溢出动态化的研究认为，技术落后国与技术领先国的经济经历了一个先收敛再发散的过程，条件收敛取决于初始模仿成本和收益。阿西莫格鲁和戴尔（Acemoglu & Dell，2009）建立的国际技术扩散模型包含了技术、人力资本、地方性公共产品差异和制度性因素，并把国与国之间和地区与地区之间的差别做了严格区分。其研究结论是，跨国的专利技术溢出通过改变一国的技术生产效率影响该国与其他国家的收入差距，但一国内部各地区间的差异更多地取决于当地公共产品的可获得性和知识产权的保护力度等地方政策，而与国际技术溢出的关系不大。

从长远来看，经济增长速度是由技术领先的经济体驱动的。在一定范围内，技术复制和模仿比创新便宜，因此，技术追随者朝技术领先方向收敛。在新古典增长模型中，长期人均资本产出是由于外生技术进步带来的。由于资本收益递减，当经济低于稳态时增长较快。如果稳态的决定因素是固定的，那么落后地方的人均资本增长更快。这一条件收敛的结论在新古典经济学中获得了较强的实证支持。新增长理论把长期增长的来源解释为技术进步，并把技术变革效率内生化，因此，长期增长速度成为一个依赖基本参数和模型扰动的内生变量，这是新古典增长模型不能解释的一个变量。新增长理论认为，初始人均收入水平、人力资本禀赋等差异是影响经济收敛速度的重要因素，但因其失去了对条件收敛的预测而缺乏吸引力。区域经济收敛的最新研究大多集中于对区域经济是否存在收敛问题的探讨上，而对区域经济间如何实现经济收敛特别是从技术溢出角度研究区域经济收敛的文献不多。从技术溢出角度研究经济收敛需要结合内生增长模型的特点和新古典增长模型收敛的条件。由于公共性、不完全竞争、有限的产权界定等问题，尤其是在缺乏知识产权保护的情况下，技术领先的地方往往没有足够的动力激励发明，相反,技术跟随者会过度刺激复制和模仿行为,其结果是经济会偏离帕累托最优状态。但是,在给定传导路径和技术吸收能力的条件下,技术溢出效应对区域经济收敛起着关键作用。技术发达地区的产业扩散与转移对技术落后地区会产生技术溢出效应,而相对于技术领先地区,技术落后地区拥有较强的技术模仿能力,一定的产业基础和资源及人口优势都有助于提高技术溢出效应的吸收能力,是实现经济追赶的有效途径。

(二)区域经济收敛的理论模型

新古典增长理论认为,经济收敛主要受投资边际报酬率递减的影响,而内生增长理论则认为经济收敛受技术进步的影响。道瑞克和罗杰斯(Dowrick & Rogers, 2002)在 Mankiw-Romer-Weil 模型的基础上进行了拓展。他们在该模型中引入资本变量来描述资本积累对收敛的影响,引入技术缺口变量来描述技术扩散对收敛的影响。道瑞克和罗杰斯把技术增长率分写为三个部分:

$$g_{it} = \ln\left(\frac{A_{i,r}}{A_{i,\bar{r}}}\right) = g_i + g_r + \varphi\ln\left(\frac{A_{*,\bar{r}}}{A_{i,\bar{r}}}\right) \tag{3.1}$$

其中,A_* 代表领先国家的技术水平,A_i 代表追随国家 i 的技术水平,g_i 为每个国家自身的技术进步(假设为常量),g_r 是时间效应。假设技术转移使追随国家技术进步率的增加与初始阶段的技术比例呈正比,用 $\left(\frac{\dot{k}}{k}\right)$ 代替 Mankiw-Romer-Weil 模型中的 $\ln s$[①],由于 $\ln\left(\frac{A_{*,\bar{r}}}{A_{i,\bar{r}}}\right)$ 不可测,道瑞克和罗杰斯(Dowrick & Rogers)用实际人均产出作为替代变量,模型表示为:

$$z_{ir} = (g_r + \varphi\ln y_*) + g_i - \varphi\ln y_{i,\bar{r}} + \alpha_k\left(\frac{\dot{k}}{k}\right)_{ir} + \varepsilon_{ir} \tag{3.2}$$

在实证过程中,(3.2)式一般转化为:

---

① Mankiw-Romer-Weil 模型利用规模报酬不变的柯布—道格拉斯生产函数 $Y = K^\alpha H^\beta (AL)^{1-\alpha-\beta}$。其中,K 表示物质资本,H 表示人力资本,L 代表以 A 为技术效率指数的劳动供给。MRW 模型认为,物质资本和人力资本投资率各自的固定值为 S_k 和 S_h,折旧率为 δ,各国内生技术进步增长率为 g,劳动力以不同速度 n 增长,这类似于包含增量人力资本的索罗模型,以及国家拥有同增长率的假定,各国起始的效率水平 A(0) 被看作随机量,并作为误差项。MRW 模型可推导为:$\frac{Ln(t)}{L(t)} - \frac{\ln Y(o)}{L(o)} = \theta\ln A(o)g(t) + \theta\frac{\alpha}{1-\alpha-\beta}\ln S_k + \theta\frac{\beta}{1-\partial-\beta}\ln S_h - \theta\frac{\alpha-\beta}{1-\alpha-\beta}\ln(n+g+\delta) - \theta l\frac{\ln Y(o)}{L(o)} + \varepsilon$。

$$Z_{ir} = c + \beta \ln y_{i,0} + \alpha_k \left(\frac{\dot{k}}{k}\right) + \varepsilon_{ir} \qquad (3.3)$$

道瑞克和罗杰斯建立的模型综合考察了资本积累和技术扩散对经济收敛的影响，实现了在一个分析框架内同时分析新古典收敛机制和新增长收敛机制。[①] 道瑞克和罗杰斯模型主要是研究国家间技术扩散与经济收敛的关系的，但其模型并没涉及国际贸易政策等变量，因此，用该模型研究国内区域之间或区域内部技术溢出与经济收敛的关系也应是恰当的。

第2节 产业集聚的技术溢出测量

关于技术溢出的研究大多集中在实证领域，因而，对技术溢出的测量就显得十分重要。如何精确地测定各种影响因素对技术溢出效应的作用程度，是实证领域需要不断研究的问题。凯夫斯（Caves，1974）和格洛伯曼（Globerman，1979）最早对FDI的技术溢出效应做了实证分析。基本方法是在一个由生产函数模型推导出的回归方程中，将当地企业的劳动生产率作为因变量，而将FDI与其他环境、产业以及企业特征变量作为解释变量，研究FDI是否对当地企业的劳动生产率产生影响。如果FDI变量系数为正值，则认为发生了正面的技术溢出效应，同时根据其他特征变量系数的估计值，判断相关因素对技术溢出的影响。凯夫斯和格洛伯曼创立的模型至今还被广泛应用，后来的学者虽然对其进行了修正和拓展，但基本上没有脱离该模型的分析框架。格里利兹（Griliches，1992）利用Cobb-Douglas函数模型分析投入对技术创新的影响。安瑟林、瓦尔加和阿克斯（Anselin，Varga & Acs，1997）利用空间因素设计了测量技术溢出的空间滞后变量与大学和科研单位的技术溢出关系模型，并得出了技术溢出显著地影响技术创新活动的结果。安瑟林等（Anselin et al.，1997）运用空间计量经济学模型，对知识生产

---

① 夏万军（2009）认为，道瑞克和罗杰斯模型中用 $\ln\left(\frac{A_{i,t}}{A_{i,t}}\right)$ 来度量技术扩散，只能反映初始时刻追随国家与领先国家之间的技术缺口，不能准确反映技术扩散的过程。他用 $\frac{\ln x(t)}{\ln x(t-1)}$ 代替技术扩散对道瑞克和罗杰斯模型进行了修正。

函数模型做了进一步的扩展，证实了大学和科研单位研究的地理溢出与企业创新活动之间存在显著的正相关。费舍尔（Fischer，2003）提出了精炼知识生产函数，将区域内与区域间的溢出完全分离，并且将知识生产的时滞性纳入实证研究的范围。

技术溢出效应测量方法的差异会对实证研究的结果产生较大的影响。但是，在内生增长的理论框架下，溢出效应测量的研究也存在本质上的一致性。尽管不同的学者所建立的计量模型对技术溢出效应进行了测量，但基本上都没有脱离凯夫斯（Caves）和格洛伯曼（Globerman）由生产函数模型推导出回归方程的思路。并且，在对技术溢出效应测量的模型中，大多以全要素生产率作为被解释变量。另外，在数据的选择方面，最近几年来的研究基本上都采用面板数据进行实证检验，但是，数据的收集在空间上偏向于一国范围或较大的区域范围，对省、市内的集群数据收集较少，在方式上偏向于研究 FDI 的技术溢出，从企业集聚的角度研究技术溢出的则较少。面对中国区域发展和企业集群的现状，从城市经济学的角度研究小范围内企业集聚的技术溢出对区域发展和经济增长的作用更有现实意义。

奥德茨奇和费尔德曼（Audretsch & Feldman，2004）认为，把空间因素引入知识生产和溢出必须解决两个问题：第一，知识溢出的理论基础是什么？第二，知识溢出该如何衡量？但，由于无法直接确定知识流动和知识溢出的痕迹，对知识溢出进行直接测量的方法是不可取的（Krugman，1991）。长期以来，理论界对技术溢出的测量一直无能为力，但其存在又是毋庸置疑的。随着空间经济学的发展，对技术溢出测量的探索性研究成果也越来越丰富。

一　技术溢出的测量指标

产业集聚程度、产业多样化和市场结构是影响技术溢出的三个重要方面。产业集聚区内的技术溢出到底来源于产业内还是产业间的争论从未停止：MAR 外溢理论（Marshall，1890；Arrow，1962；Romer，1986，1990）认为，知识和技术来自产业内，一个区域内产业集中度越高，越有利于技术在产业内企业间的扩散。雅各布外溢理论（Jacobs，1969）认为，技术溢出主要来自于产业间，一个区域产业越多，越有利于经济的增长。波特(Porter)外溢理论(Porter,1990)认为,市场结构对技术溢出的影响较大,技术溢出主要来源于产业内。充分竞争的市场结构有利于激励企业不断创新并保持竞争力,垄断的市场结构不利于技术创新和增长,因此也不利于技术外溢。

有学者结合这三种外溢理论,把技术水平分解为对全部区域产业发生作用的全局技术变化和由区域因素产生的局部技术变化。在区域内,用专业化、多样性和竞争程度衡量技术变化。专业化指标可以测量MAR溢出。其专业化指标计算公式如下:

$$S_{ijt} = \frac{VA_{ijt}/VA_i}{VA_{njt}/VA_n} \tag{3.4}$$

其中,VA_{njt}代表j产业的总增加值,VA_{ijt}代表i区域j产业的增加值,VA_i表示i区域所有产业的总增加值,VA_n表示所有产业的总增加值。如果$S>1$,表明i区域j产业的区域集中度较高。根据MAR外溢理论,i区域j产业的技术溢出强度较大,技术溢出有利于该产业的发展;如果$S<1$,表明i区域j产业的技术溢出强度较小,技术溢出对该产业发展的影响不大。

多样性指标主要测量雅各布外溢,多样性指标的测量可借用标准化的Herfindhal指数来计算:

$$D_{ijt} = \frac{1/\sum_{j'\neq j}^{J}\left(\frac{VA_{ij'}}{VA_i - VA_{ij}}\right)^2}{1/\sum_{j'\neq j}^{J}\left(\frac{VA_{ij'}}{VA_n - VA_{nj}}\right)^2} \tag{3.5}$$

D_{ijt}代表产业的集中程度,其他指标与(3.4)式中的含义相同,在此不再做说明。按照雅各布外溢理论,产业的多样化有利于技术溢出,对产业发展能够产生正面影响。

竞争性指标用来衡量波特外溢,其计算公式为:

$$C_{ijt} = \frac{NUM_{ijt}/VA_i}{NUM_{njt}/VA_n} \tag{3.6}$$

其中,NUM_{ijt}表示i区域从事j产业的企业个数,NUM_{njt}表示从事j产业的企业总数。其他指标与(3.4)式中的含义相同,在此不再做说明。波特外溢理论表明,竞争有利于技术创新和溢出。

二 技术溢出的测量方法

（一）区域间技术溢出的测量——生产函数法

1. 知识生产函数法

知识生产函数是测量国内技术溢出常用的方法（任志安、王立平，2006）。格里利兹（Griliches，1979）首次提出知识生产的概念以分析高等院校研究对区域经济的影响，知识生产函数的基础模型是一个标准的 $C-D$ 函数：

$$Y = CD^{\alpha}L^{\beta}K^{\gamma}\varepsilon^{\lambda t+u} \tag{3.7}$$

其中，Y 表示新知识产出；C 为常数项；D 为知识存量对研发活动的影响系数；L 为研发的人力资本投入；K 为研发费用投入；α，β，r 分别表示知识存量、研发费用投入和研发人力投入的产出弹性；e 为自然对数；t 为时间；u 表示误差项。

杰夫（Jaffe，1989）将格里利兹（Griliches，1979）的知识生产函数拓展为两要素投入的 $C-D$ 函数：

$$\ln(P_{it}) = \beta_1 \ln(E_{it}) + \beta_2 \ln(U_{it}) + \beta_3 \ln(U_{it})\ln(C_{it}) + \varepsilon_{it} \tag{3.8}$$

P 为区域知识产出的代理变量（一般为公司申请的专利数）；E 为企业的研发活动；U 是高等院校研发活动；C 表示区域内高等院校与企业研发活动的地理相融指数；下标 i 表示观察的单位经济体，t 为时间；ε 为随机误差项。并且，杰夫（Jaffe，1989）证明 β_1、β_2、β_3 均大于 0，支持了知识溢出的存在。在实证研究中，杰夫（1989）把（3.8）式扩展为两个伴随模型：

$$\ln(U_{it}) = \alpha \ln(E_{it}) + \delta R_1 + \xi_{it} \tag{3.9}$$

$$\ln(E_{it}) = \alpha \ln(U_{it}) + \delta R_2 + \xi_{it} \tag{3.10}$$

其中，R_1 和 R_2 表示两个区域属性的变量集，模型（3.9）表示高校研发活动取决于企业研发活动和区域属性变量；而模型（3.10）则表示企业的研发活动取决于高校的研发活动和其他区域属性变量。模型（3.9）和（3.10）引入了高校研发活动和企业研发活动的相关关系，使其在分析区域知识溢出属性和检验其对区域创新影响方面成为强有力的经验模型。

安瑟林（Anselin，1997）将知识生产函数的研究方法扩展到了空间计量经济学领域，建立了空间自回归模型（spatial autoregressive model，即 SAR 模型）：

$$y = \rho W y + X\beta + \varepsilon \qquad (3.11)$$

y 为 n×1 列被解释观察值向量；W 表示 n×n 的空间权数矩阵（可以是一阶地理相邻权重矩阵，或其他空间距离矩阵）；ρ 为空间自回归参数，表示邻近区域的相互影响程度，取值范围为 [-1, 1]；X 表示 k 个外生变量的观察值的 n×k 阶矩阵；β 为 k×1 阶回归系数向量；ε 为随机误差项。

费舍尔（Fischer，2003）提出的精炼知识生产函数考虑了知识生产的时滞，进一步将区域内与区域间的溢出效应分离。基本模型为：

$$K_{it} = f(U_{i,t-q}, E_{i,t-q}, Z_{i,t-q}) \quad (i=1, 2, \cdots, n) \qquad (3.12)$$

一般认为，知识生产来源于高等院校和企业两个领域的投入。其中，U 和 E 分别表示高校和企业的研发投入，Z 表示其他影响因素（区位因子等对区域知识生产的影响），i 和 t 分别表示经济区域和时间，q 表示研究投入与产出的滞后期。

为了分离区域内与区域间知识溢出的影响，模型（3.11）可作如下拓展：

$$U'_{t-q} = (U_{1,t-q}, \cdots, U_{N,t-q})$$
$$E'_{t-q} = (E_{1,t-q}, \cdots, E_{N,t-q})$$
$$D_{i\bullet} = (d_{i,1}^{-r}, \cdots, d_{i,i-1}^{-r}, 0, d_{i,i+1}^{-r}, \cdots, d_{i,N}^{-r}) \quad (i=1, 2, \cdots, n)$$

$$(3.13)$$

其中 $d_{i,j}$ 表示溢出区域的平均地理距离，$r > 0$ 为距离衰减参数。在考虑了空间距离之后，非区域内的高校研究溢出与非区域内的企业研究溢出分别为：

$$S^U_{i,t-q} = D_i U_{t-q}$$
$$S^E_{i,t-q} = D_i E_{t-q} \qquad (3.14)$$

最终得出知识生产函数形式为：

$$K_{it} = f(U_{i,t-q}, S^U_{i,t-q}, E_{i,t-q}, S^E_{i,t-q}, Z_{i,t-q}) \quad (i=1, 2, \cdots, n)$$

$$(3.15)$$

除了以上经典的知识生产函数之外,克雷蓬(Crépon,1998)对 C-D 函数形式的知识生产函数进行了扩展,目的在于验证研发投资与知识产出之间的相关关系。赫什马提(Heshmati,2006)在其基础上做了进一步扩展,主要目的是测算企业研发投入与知识产出的关系,格雷温(Greunz,2003)提出的混合知识生产函数模型将区域的地理媒介与技术媒介相结合,表明区域创新不仅依赖自身的研发投入,还受到地理相邻区域研发投入溢出的影响,以及地理相邻与技术相邻溢出的共同影响。

2. 全要素生产率法

除了知识生产函数外,运用生产函数对技术溢出测量的另一个主要方法是全要素生产率法(Total Factors Productivity,TFP)。该方法的重点是运用生产函数估计技术溢出对全要素生产率法或者创新的影响。一般是在柯布—道格拉斯函数框架下对全要素生产率法与标准要素投入如劳动、资本和 R&D 进行回归。采用全要素生产率法测量技术溢出的关键在于对全要素生产率的测算。①

科埃和埃尔普曼(Coe & Helpman,1995)的全要素生产率实证模型是建立在"创新驱动增长"的理论基础之上的,目标是评估国外技术如何进一步促进国内生产率的提升。确切地说,这个想法是从测量商品和服务进口所产生的间接效益的角度测量技术溢出效应的。其基本模型如下:

$$\log TFP_{it} = \alpha_i^0 + \alpha^d \log S_{it}^0 + \alpha_7^d \log S_{it}^d + \alpha^f \log S_{it}^{f-ch} + \varepsilon_{it}$$
(3.16)

$\log TFP$ 是全要素生产率对数,$i=1,\cdots,22$ 为样本个数;$t=1,\cdots,20$ 为时间期限;α^0 指一个国家特定的常数;α^d 是国内 R&D 资本存量的产出弹性(S^d);S^d 代表七国集团和其他国家国内 R&D 资本存量的交互虚拟变量,七国集团取 1,其他国家取 0;α^f 代表外国 R&D 资本存量的产出弹性;S^{f-ch} 代表国外研发资本存量作为国内进口份额加权平均所确定的贸易伙伴的 R&D 资本存量;ε 为误差项。其中,

---

① 关于全要素生产率的测算主要有索罗剩余法、指数分解法、随机前沿分析法。本章对此不做具体介绍。

$$S_i^{f-ch} = \sum_{j \neq i} \frac{m_{ij}}{m_i} S_j^d \qquad (3.17)$$

m_{ij} 为 i 国家从 j 国家进口的产品和服务；m_i 是国家 i 从其他贸易伙伴国家的总进口，$m_i = \sum_j m_{ij}$。函数（3.17）隐含了这样一个假设，即当其他条件不变时，一国家从相对 R&D 资本存量较高的国家进口的越多，从中获得的技术溢出也就越多。同时，科埃和埃尔普曼（Coe & Helpman, 1995）对函数（3.17）做了补充解释，认为其加权向量只能反映 R&D 溢出方向，但不反映溢出的强度。因此，他们对（3.16）式进行了修正：

$$\log TFP_{it} = \alpha_i^0 + \alpha^d \log S_{it}^d + \alpha_7^d \log S_{it}^d + \alpha^f \frac{m_{it}}{y_{it}} \log S_{it}^{f-ch} + \varepsilon_{it} \qquad (3.18)$$

m_i 是国家 i 的总进口；y_i 是国家 i 的 GDP；$\alpha^f \frac{m_{it}}{y_{it}}$ 相当于外国 R&D 资本存量的产出弹性，这个弹性可以在跨国和跨时上根据进口比例而变化。尤其相对于本地生产总值来说，较高的进口总额会使一国经济从外国经济中的获益增大。

（二）产业间的技术溢出测量——技术流量法

技术流量法可以很好地测量关联产业间的技术溢出（段会娟，2010）。该方法的核心思想是用投入产出关联或以投入产出关系为基础构建技术流动矩阵，以确定一个企业或产业在空间中的位置，考察进行 R&D 投入的企业或产业对其他企业或产业的技术溢出模式。这一方法也得到了实证的支持。技术流量矩阵在测量产业间技术溢出时，用"借入 R&D"表示研发的产业和接收溢出的产业间的潜在知识流动，研究表明，借入 R&D 和自有 R&D 的回报率分别为 45% 和 28%。沃夫和纳德里（Wolff & Nadiri, 1993）发现，包含于资本储备中的 R&D 有明显的溢出；产业的全要素生产率和其上游产业有明显的相关关系；产业的前向关联程度和其 R&D 强度正相关；体现于投入品中的私人 R&D 比政府资助的 R&D 有更大的影响。科埃和埃尔普曼（Coe & Helpman, 1995）在技术流动框架下分析了国际技术溢出，通过对 21 个经济合作与发展组织国家和以色列的研究，得出国内生产率和外国的 R&D 资本储备正相关。

根据这一思路，昆杰（Kooj，2005）建立了这一模型：$KS_{ij} = \sum_{k=1}^{n}\left(W_{ik}w_{ik}\frac{E_{kj}}{E_j}\right)$，其中 KS_{ij} 表示产业 i 在 j 区域创造的溢出；W_{ik} 表示产业 i 用于产业 k 的 R&D 支出；w_{ik} 表示产业 i 的 R&D 支出中用于产业 k 的比例，E_{kj} 表示 j 区域产业 k 的就业情况，E_j 是 j 区域的总就业。昆杰（Kooj，2005）建立的分析模型考察了 R&D 效应基于技术流动和产业规模转移到另一产业的可能性，能够估计出产业 i 所创造的外部性数值。

凯撒（Kaiser，2002）在分析企业或产业接受的外部性时，发现知识溢出很难精确测度，认为实践中可以用以企业、部门或地区之间的邻近性或技术距离指标为基础的变量来替代。在 $S_i = \sum_{j\neq i}^{N}\omega_{ij}K$ 中，如果 S_i 表示企业 i 接受的总溢出，K_j 表示其他企业 j 的知识储备，ω 代表企业 i 内部化其他企业 j 的知识储备的能力，那么权数可以是技术空间中的距离、地理距离以及基于创新数据直接测度的方法等。

（三）企业间技术溢出测量——成本函数法

企业间技术溢出研究的核心在于分析知识溢出对企业带来的成本削减效应，成本降低是技术溢出最常见和最主要的收益。在研究方法上，研究者大多使用以产出和投入品的相对价格为变量的成本函数。伯恩斯坦（Bernstein，1988）设定企业的成本函数 $c = C(y, w, S)$，其中 c 是生产成本，y 是产出数量的向量，w 是要素价格的向量，S 是溢出变量的向量。实证研究发现，产业内[①]和产业间的溢出和成本变量显著相关。伯恩斯坦和纳德里（Bernstein & Nadiri，1988）的研究还发现，溢出降低了企业的生产成本，降低了劳动等生产要素的需求，产生了比私人回报率更高的社会回报率。对于单个企业来说，企业间的技术溢出可以降低成本，就意味着企业间的溢出可以作为自身 R&D 投入的替代品，这就不可避免地出现了激励企业免费搭车的行为。但是科恩和利文索尔（Cohen & Levinthal，1989）的研究认为，企业只有进行 R&D 投入才能

---

① 从微观主体来看，产业内技术溢出在实证研究中近似于企业间技术溢出。

充分利用外部溢出的技术，企业只有增加自身的技术能力，才能提升利用其他企业创新技术的吸收能力。科伯恩和亨德森（Cockburn & Henderson, 1998）在科恩和利文索尔（Cohen & Levinthal, 1989）的研究基础上所做的进一步研究表明，只有和一些开放的机构建立联系，才能够增加其吸收技术溢出的能力。成本函数法的研究表明，大量的产业内和产业间技术溢出的存在，不但会影响生产率，降低成本，也会影响要素的使用模式；技术溢出既能阻止又能激励企业从事 R&D 投资。与其他测量方法相比较，成本函数法在测量企业间（产业内）技术溢出时，既能够考虑技术溢出对总成本的影响，又能够把技术溢出对劳动和中间产品的需求数量纳入模型之中，因此被广泛应用于对企业间（产业内）技术溢出的测量。[①]

第 3 节　产业集聚的技术溢出模型

技术及经济的集聚性和空间相关程度是解释集聚经济现象的核心，但长期以来的研究结论仍莫衷一是。在传统工业时代，地理距离影响物资和人员的交通运输成本的观点得到了普遍认同，但是，随着科技和现代通信的发展，地理距离是否影响技术的传播成本和外溢效应的问题已被更多的学者所关注。因此，关于技术溢出的测量模型基本上有两种趋势：一种是考虑空间距离因素的空间计量模型的运用；另一种是重点关注技术距离对技术溢出影响的技术距离模型，该模型没有把空间距离纳入研究范围，仍采用传统的计量模型对技术溢出进行估计。

一　技术距离模型

目前关于技术溢出的研究关注更多的是地理距离。但是在集聚区内，与空间距离相比，技术距离对技术溢出的影响更大，因为技术差距会影响技术的吸收能力。芬德利（Findlay, 1978）的研究假定技术转

[①] 但是，也有研究认为，成本函数模型不能显示知识溢出的发生渠道，而不同渠道发生的溢出是不同的，从而对成本节省和研发投资的收益率具有不同的效应。并且，运用成本函数测量技术溢出的关键问题在于企业投入品价格数据不易获得，在不同企业、不同时间里，其价格都是不同的。

移程度与两个地区之间的技术差距有关,技术差距与技术转移之间呈同方向变化。法格伯格(Fagerberg,1994)与芬德利(Findlay,1978)的观点比较接近,他认为,如果两个地区(厂商)的技术水平相近,则很难发生技术转移,因为可供学习、模仿的机会较少。但是,"技术基础"会影响甚至决定对前沿技术的吸收能力,如果技术差距较大,则不利于技术的转移和扩散。在同一空间集聚范围内,技术溢出研究的关键在于对技术差距的测量。关于技术差距的测量,科科(Kokko,1996)的研究具有开创性,但是格里菲思、雷丁和里宁(Griffith, Redding & Reenen, 2004)的研究模型则更具有进步意义。科科(Kokko, 1996)对技术距离的研究主要偏重于技术差距的影响效应。在科科的方法中,技术距离并没有体现在模型中,在研究之前他先采取了分割样本的方法,将行业按技术差距划分为大差距组和小差距组,对每一组进行单独回归,然后通过比较组间的差异来揭示技术距离的影响。与科科不同的是,在格里菲思、雷丁和里宁 Griffith, Redding & Reenen, 2004)的研究模型中,技术差距被表示为技术前沿国家(地区)与技术追随国(地区)全要素生产率之比的对数,R&D 支出占 GDP 的比重代表研发水平,假设技术距离对技术进步的作用显著为正,则技术外溢程度随技术距离的增加而增强。考虑到内部 R&D 对技术创新的作用以及内部 R&D 对技术外溢吸收能力的影响,其模型将内部 R&D 与技术距离的交互关系也纳入其中。具体模型为:

$$\Delta\ln(A_{i,t}) = \rho \left(\frac{R}{Y}\right)_{i,t-1} + \delta_1 \ln\left(\frac{A_f}{A_i}\right)_{t-1} + \delta_2 \left(\frac{R}{Y}\right)_{i,t-1} \times \ln\left(\frac{A_f}{A_i}\right)_{t-1} + \gamma X_{i,t-1} \quad (3.19)$$

在模型(3.19)中,A 代表技术水平,用全要素生产率(TFP)来衡量;R 为 R&D 支出;Y 为当年的 GDP;f 表示技术前沿国家;i 为技术追随国;X 为其他控制变量;δ_1 为技术距离的独立技术溢出系数;δ_2 为内部 R&D 对技术外溢的吸收弹性。格里菲思、雷丁和里宁(Griffith, Redding & Reenen, 2004)的技术差距模型没有考虑空间距离对技术溢出的影响,因此,该模型更适合对高科技行业或集聚区内(产业集群内部)企业间技术溢出的测量。

二 空间计量模型

随着技术的发展，很多行业的技术外溢对空间距离的依赖程度越来越低，但是，空间距离对技术溢出效应的影响仍然是现实存在的，像信息传播、人员和其他要素流动等都与技术外溢在空间上存在相关性，因此，在研究技术溢出时空间计量模型被广泛采用。与传统的计量模型相比，空间计量模型利用因变量或误差的空间滞后项来解释空间相关，综合考虑了多种技术影响因素和所有空间单元之间的空间相关，能够比传统的计量模型作出更有效的估计。常用的空间模型分为空间自回归模型（SAR）和空间误差自相关模型（SEM）。[①]

（一）空间自回归模型（SAR 模型）

在研究技术溢出时，依赖变量为技术，空间截面模型将其他地区的技术或者影响技术产出的误差 ε 的同期值置于方程右边，左边空间权重矩阵解释当地的技术产出或其误差，从而体现了空间单元之间的技术外部性。空间自回归模型为：

$$y = \rho W y + X\beta + \varepsilon \quad \varepsilon \sim NID(0, \sigma^2 I) \qquad (3.20)$$

其中，y 为技术增量，是 $n \times 1$ 列的决策变量观察值向量；W 为 $n \times n$ 的空间权数矩阵，代表 n 个机构或地区之间相互关系网络结构的矩阵；ρ 是空间自回归系数，其取值在 -1 到 1 之间，表明相邻区域之间的影响程度；X 为技术的解释变量，是 k 个外生变量观察值的 $n \times k$ 阶矩阵；β 是 $k \times 1$ 阶回归系数向量；ε 是随机误差序列向量。

（二）空间误差自相关模型（SEM 模型）

另一种常用的空间计量模型是空间误差模型，在空间误差自相关模型中机构或地区间的相互关系通过误差项来体现。当机构或地区之间的相互作用因所处的相对位置不同而存在差异时，则采用这种模型。空间误差自相关模型（SEM）为：

$$y = X\beta + \varepsilon \qquad (3.21)$$

其中，$\varepsilon = \lambda W\varphi + \xi \quad \xi \sim NID(0, \sigma^2 I) \qquad (3.22)$

[①] 这里提到的空间自回归模型（SAR 模型）和空间误差自相关模型（SEM 模型）都是截面空间模型。

在 (3.21) 式中，y 为技术的增量，是 $n \times 1$ 列的决策变量观察值向量；X 为技术的解释变量，是 k 个外生变量观察值的 $n \times k$ 阶矩阵；β 是 $k \times 1$ 阶回归系数向量；ε 是随机误差序列向量。

在 (3.22) 式中，λ 是空间自相关系数，取值为 [-1, 1]，表示 1 个区域变量变化对相邻区域的溢出程度；W 为 $n \times n$ 的空间权数矩阵，代表 n 个机构或地区之间相互关系网络结构的矩阵；φ 是 $n \times 1$ 列溢出成分误差，ξ 是 $n \times 1$ 列的区域内随机扰动项，假定 φ 和 ξ 服从独立同分布且互不相关。(3.21) 式和 (3.22) 式构成了 *SEM* 模型，其本质就是在线性模型的误差结构中融入了区域间溢出成分。

(三) SAR 模型和 SEM 模型的缺陷

无论是 SAR 模型还是 SEM 模型，在研究技术溢出方面都比传统的计量模型具有相对的优势，但是空间计量方法是渐近有效的方法，这让 SAR 模型和 SEM 截面模型，都存在一些先天的缺陷，尤其是在研究样本较少的情况下，无论是选择 SAR 模型还是 SEM 空间截面模型，都会存在估计有效性不足的问题。因此，在小样本情况下分析技术溢出问题时都采用空间面板模型。空间面板模型也分为 SAR 面板模型和 SEM 面板模型。SAR 面板模型见 (3.23) 式。其中，y 为技术水平；X 为技术的解释变量；ρ 为空间自回归系数；W 为空间权重矩阵；误差项 Φ 被分解为 u 和 v 之和；u 是与空间单元 i 绝对地理位置相关的空间效应，它可以是固定效应，也可以是随机效应；$v \sim NID(0, \sigma^2 I)$，下标 i 表示不同的截面单元，t 表示时期。

$$y = X_{it}\beta + \rho W y_t + \varphi_{it} \quad \varphi_{it} = v_{it} + u_t \quad i = 1, \cdots, ; t = 1, \cdots, T \tag{3.23}$$

SEM 面板模型为：

$$y = X_{it}\beta + \varepsilon_{it} + \mu_i$$
$$\varepsilon_{it} = \lambda W \varepsilon_t + v_{it}, \quad i = 1, N, \cdots; t = 1, T \cdots \tag{3.24}$$

其中，ε 为包含空间外部性的误差项；λ 为空间自相关系数，W 为空间权重矩阵；$v \sim NID(0, \sigma^2 I)$，u 为截面效应。

总之，无论是空间截面模型还是空间面板计量模型，SAR 模型和 SEM 模型都只能说明技术溢出对空间的依赖率，只是一种技术方法，模型没有任何能够表明知识或技术在空间上随着距离扩散而衰减的迹象，也就是说，没有直接的证据表明真正的技术溢出的存在（符淼，2008）。

三 阈值回归模型

技术溢出效应的大小还依赖于它的吸收能力。吸收能力与技术差距有关，技术差距太大或太小都会影响技术追随者对前沿外溢技术的吸收，因此技术溢出和技术差距之间存在一个边界。技术差距低于该临界值时，技术差距缩小，吸收能力增强，技术溢出加强；当技术差距高于临界值时，技术差距缩小，技术追随者向技术前沿学习减少，技术前沿对追随者的技术溢出强度减弱。

因此，技术溢出的阈值效应对研究技术溢出强弱而言非常重要（符淼，2008）。一般确定阈值的方法有三种：一是分割样本，依据临界值把样本分割为不同的组，然后通过观察组间差异得到阈值，这种方法和科科（Kokko，1996）的技术差距模型思路一致；二是利用阈值变量的多项式来解释技术进步，模型中包括阈值变量的一次项、二次项，甚至三次项，回归分析得到的技术和阈值变量之间的关系就是多次曲线关系，曲线的拐点可以当成阈值；三是利用汉森（Hansen，1996）提出的阈值回归方法，利用模型直接得出阈值。汉森（1996）提出的阈值回归模型为：

$$\Delta A_{it} = c_i + \alpha X_{it} + \beta_1 F_{it} I(T_{it} \leq \theta) + \beta_2 F_{it} I(T_{it} > \theta) + \varepsilon_{it} \tag{3.25}$$

其中，ΔA 表示技术产出；X 为其他的解释变量；F 代表技术前沿的作用；T 是阈值变量；$I(\cdot)$ 为指示函数，当条件为真时指示函数取值为1，否则为0；θ 为阈值；β_1 和 β_2 为技术溢出系数。如果 β_1 和 β_2 不等，说明存在阈值，阈值 θ 是由模型内生决定的。

第 4 章

技术接近：产业集聚的企业间技术溢出

　　产业集聚的企业间技术溢出主要是在微观层面上研究同一集聚区内市场结构和产品差异化程度对企业技术溢出的影响程度。在不同的市场结构下，企业会选择不同的投入和产出策略，因而会影响企业间的技术溢出效应。在竞争或垄断条件下，出于最优成本和收益的考虑，企业会选择竞争、部分合作或完全合作等不同策略，不同策略的博弈均衡结果最终都会影响企业间的技术溢出。另外，在同一集聚区内，企业对差异化程度的定位不仅影响企业间的技术差距，同时也影响企业间的竞争与合作关系，最终导致企业间的技术溢出强度存在差距。

　　与产业层面的技术溢出研究不同，企业间的技术溢出研究受制于微观层面企业数据难以获得性的制约，从实证角度研究企业间技术溢出强度及其制约因素不易进行。但是，通过对现实的观察发现，产业集聚区内存在企业间技术溢出是不争的事实。因此，本章将在产业组织理论的基础上研究集聚区内企业间的市场关系——企业间的垄断、竞争关系对企业间技术溢出的影响。企业间垄断与竞争在不同程度上的结合会产生四种不同类型的市场结构，即完全竞争型、完全垄断型、垄断竞争型和寡占垄断型，这四种市场结构不仅反映了不同企业的市场支配力差异、市场地位差异和市场效果差异，而且会因市场支配力、市场地位和市场效果的差异而影响企业间技术溢出的强弱。

第 1 节　合作与非合作的企业间技术溢出

　　以往的垄断市场假设企业间的关系不是非完全合作就是不合作，企业间的关系在有些领域是合作关系，在有些领域是竞争关系（Claude D'Aspremont & Alexis Jacquemin，1988）。与此相反，现实中存在着一些典型的例子，如竞争对手之间 R&D 的联合研究。这样一种合作引发了两种争论：一种认为，R&D 合作应发生在"竞争前"阶段，企业间分享基础知识并在 R&D 方面作出自己的努力，但是在市场上仍与竞争对手保持竞争状态。另一种认为，R&D 合作是合作者之间拓展的共谋，在产品生产水平方面制定共同政策。但是这个扩展的理由通常使知识产权保护变得困难。因为初始的想法是为了共同的 R&D 投资和体现其合作成果，在合作中一方获得了发明，另一方可以一起控制生产过程和产品。另一种认为，因为较少的重复浪费而使得 R&D 支出减少，以及因为更多的垄断权力而使得生产总量减少。本节的分析主要运用两阶段方法，提供一个并不满足于这些期望的例证，只是在研究企业之间博弈情况时才比较分析相应的社会福利。这种分析的重要因素包括外部性，或从一个公司到另一个公司的技术溢出。

一 例证

假定一个产业仅存在两个企业，其需求逆函数为 $D^{-1}(Q)$ 且 $Q = q_1 + q_2$ 是总的产出量，每一个企业拥有一个成本函数 $C_i(q_i, x_i, x_j)$，即其产量的函数。q_i 是 x_i 的产量和其竞争对手 x_j 的产量。假定 D^{-1} 和 C_i 都是线性的：

$$D^{-1}(Q) = a - bQ \qquad a, b > 0 \qquad (4.1)$$

$$C_i(q_i, x_i, x_j) = (A - x_i - \beta x_j) q_i$$

$$i = 1, 2, i \neq j, 0 < A < a, 0 < \beta < 1; x_i + \beta x_j \leq A; Q \leq \frac{a}{b}$$

(4.2)

R&D 外部性或技术溢出意味着一个企业研发流程的一些好处会被其他公司免费享用。在此假定公司 j 的 R&D 外部效应降低了企业 i 的单位生产成本。[①] 研发成本被假定为二次的,[②] 反映了存在 R&D 支出收益

[①] 这也可以解释为模仿竞争对手的成功发明而降低自主研发成本。可参见 J. Hartwick (1984) 和 Dasgupta & Stiglitz (1980) 提出的自由进入条件下的静态古诺模型。

[②] 这个假设的一个重要理由可以参见 Dasgupta (1986) 的观点，他认为，技术的可能性是衔接研发投入和创新的输出，并不显示任何经济规模、企业规模和正在开展的研发。

第4章 技术接近：产业集聚的企业间技术溢出

递减的情况。公司的策略由 R&D 水平和随后根据其 R&D 选择所制定的生产策略组成。接下来分析三个不同的博弈。

在第一个博弈中，企业在产出和 R&D 方面都是不合作的，在第二阶段企业 i 考虑了利润。

$$\pi_i = (a - bQ)q_i - (A - x_i - \beta x_j)q_i - \gamma \frac{x_i^2}{2}$$

$$j \neq i, i = 1,2 \tag{4.3}$$

根据（4.3）式，纳什—古诺均衡为①：

$$q_i = \frac{(a - A) + (2 - \beta)x_i + (2\beta - 1)x_j}{3b} \tag{4.4}$$

在第一阶段，企业都在选择自己的 R&D 水平，其利润为：

$$\pi_i^* = \frac{1}{9b}[(a - A) + (2 + \beta)x_i + (2\beta - 1)x_j]^2 - \gamma \frac{x_i^2}{2}$$

$$j \neq i, i = 1,2 \tag{4.5}$$

通过产出、单位生产成本和 R&D 成本整合了 R&D 的三重影响。存在唯一且对称的解②，满足：$\frac{\partial \pi_i^*}{\partial x_i} = 0$

$$x_i^* = \frac{(a - A)(2 - \beta)}{\frac{9}{2}b\gamma - (2 - \beta)(1 + \beta)}$$

$$i = 1,2 \tag{4.6}$$

$$Q^* = q_i + q_j = \frac{2(a - A)}{3b} + \frac{2(\beta + 1)}{3b}x_i^*$$

$$= \frac{2(a - A)}{3b}\left[\frac{\frac{9}{2}b\gamma}{\frac{9}{2}\gamma - (2 - \beta)(1 + \beta)}\right] \tag{4.7}$$

在第二个博弈中，假定企业在 R&D 方面合作，在博弈的第二阶段是非合作的。在第一阶段，企业最大化其合作收益，x_1 和 x_2 的方程式：

---

① $q_1 + q_2 \leq \frac{1}{3b}[2(a-A) + 2A] \leq \frac{a}{b}$。

② 二阶条件要求 $\frac{2(2-\beta)^2}{9b} - \gamma < 0$。

$$\hat{\pi} = \pi_1^* + \pi_2^* = \frac{1}{9b}\sum_{i=1}^{2}\left\{\left[\begin{array}{c}(a-A)+(2-\beta)x_i\\+(2\beta-1)x_j\end{array}\right]^2 - \lambda\frac{x_i^2}{2}\right\} j \neq i$$
(4.8)

考虑解的对称性 $x_1 = x_2 = \hat{x}$，可以得到 R&D 合作均衡的唯一解①：

$$\hat{x} = \frac{(\beta+1)(a-A)}{\frac{9}{2}b\gamma - (\beta+1)^2}$$
(4.9)

$$Q = \frac{2(a-A)}{3b} + \frac{2(\beta+1)}{3b}\hat{x} = \frac{2(a-A)}{3b}\left[\frac{\frac{9}{2}b\gamma}{\frac{9}{2}\gamma - (2-\beta)(1+\beta)}\right]$$
(4.10)

这些解反映了通过共同决策 R&D 支出水平而把 R&D 外部效应内部化的过程。针对期望减少重复 R&D 的可能方面来说，特别是在强溢出时，当 $\beta > \frac{1}{2}$ 时，比较 x^* 和 $\hat{x}$ 可以清楚地表明，此时 R&D 呈现出强溢出状态，即当企业在 R&D 方面合作时，R&D 水平会增加，$\hat{x} > x^*$。同样的观点，期望的 Q^* 和 $\hat{Q}$ 的值也是在 R&D 合作时比不合作时要高，即 $\hat{Q} > Q^*$。在某种程度上，合作博弈比非合作博弈更具有研究价值②，主要是因为公共政策、财政补贴等而非个人动机。

第三个博弈中引入了垄断，企业在博弈的两个阶段都采取合作的行为，在第二阶段 x_1 和 x_2 的合作收益条件是：

$$\pi = (a-bQ)Q - AQ + (x_1+\beta x_2)q_1 + (x_2+\beta x_1)q^2 - \gamma\sum_{i=1}^{2}\frac{x_i^2}{2}$$
(4.11)

$x_1 = x_2 = x$，对称解 $\tilde{q}_1 = \tilde{q}_2$ 的结果为：

$$Q = q_1 + q_2 = \frac{[(a-A)+(1+\beta)x]}{2b}$$
(4.12)

---

① 二阶条件要求 $\frac{2(2-\beta)^2}{9b} - \gamma < 0$。

② 事实上，当收益非常大时，及时相互合作的企业之间的非合作选择常常会被采用。

在第一阶段,合作收益为:

$$\tilde{\pi} = \frac{1}{b}\left[\frac{a - A + (1 + \beta)x}{2}\right]^2 - \gamma x^2 \quad (4.13)$$

R&D 的对称合作均衡和对应的产量都存在唯一解:

$$\tilde{x} = \frac{(a - A)(1 + \beta)}{4b\gamma - (1 + \beta)^2} \quad (4.14)$$

$$\tilde{Q} = \frac{(a - A)}{2b} + \frac{(1 + \beta)}{2b}\tilde{x} = \frac{a - A}{2b}\left[\frac{4b\gamma}{4b\gamma - (1 + \beta)^2}\right] \quad (4.15)$$

推理的结果正如预期的那样,在给定 R&D 的情况下,合谋产出比不合作的产出要小,因此,如果是为了最优 R&D 产出,不合作的行为是成立的。同样,合谋的 R&D 产出是随着 β 值而变化的,但是溢出效应比在完全不合作均衡情况下要大。此外,在合谋的博弈均衡下,产量和 R&D 都比纯粹的 R&D 合作下的均衡产量和 R&D 要高。这源于产品市场较少的竞争会促使企业从研发中获得更多的盈余创造,导致更多的 R&D 支出。尽管 R&D 的数额较大,但是在完全合作均衡下的产出仍然小于只在 R&D 阶段合作的均衡产出。

二 福利角度的结论

根据以上三种博弈的结果,从社会福利的角度考虑,一种行为可能比另一种行为更有效。事实上,更多的合作可能会导致更高的利润,但会产生较低的消费者盈余。产量减少可能会通过更多的 R&D 得到补偿,如果忽视了 R&D 的外部性,高水平的研发所对应的可能是重复浪费。为了获得不同博弈类型的解决方案,在此需要引进一个效率标准。本书把社会福利 $W(Q)$ 设定为消费者盈余 $V(Q)$ 和生产者的剩余之和(假设 $x_1 = x_2 = x$)。

$$W(Q) = V(Q) - AQ + (1 + \beta)xQ - \gamma x^2 \quad (4.16)$$

给定 x,效率产出为:

$$Q = \frac{1}{b}[a - A + (1 + \beta)x] \quad (4.17)$$

在第一阶段,社会福利为:

$$W^*(Q) = V(Q) - AQ + (1 + \beta)xQ - \gamma x^2 \quad (4.18)$$

R&D 的效率水平满足一阶条件①：

$$x^* = \frac{(a-A)(1+\beta)}{2b\gamma - (\beta+1)^2} \tag{4.19}$$

最终的社会效率产出包含了研究的效率水平：

$$Q^{**} = \frac{a-A}{b} + \frac{1+\beta}{b}x^{**} = \frac{a-A}{b}\left[\frac{2b\gamma}{2b\gamma - (1+\beta)^2}\right] \tag{4.20}$$

因此，通过社会福利最大化所获得的解不仅需要更多的生产，而且需要更高的研发水平，而不是通过先前研究的合作和非合作均衡获取。

实际上，$x^{**} > x^*$，

因为 $\dfrac{1+\beta}{2b\gamma - (\beta+1)^2} > \dfrac{2-\beta}{\dfrac{9}{2}b\gamma - (2-\beta)(1+\beta)}$，所以 $Q^{**} > Q^*$。

同样的：$x^{**} > \tilde{x} > \hat{x}$，并且 $Q^{**} > \hat{Q} > \tilde{Q}$。

社会福利角度的探讨，为我们提供了一个对各种博弈结果进行分类评价的社会效率标准。最明显的结论是：在 R&D 领域的合作（但在生产方面不合作）会增加在 R&D 方面的支出和产量，对于非合作的解，当溢出效应足够大时，$x > x^*$ 和 $Q > Q^*$；否则，则相反。此外，考虑到单独的生产和研发方面，技术溢出的大小也应加以区别分析，当溢出较大时，$\beta > 0.5$，企业可以通过合作的方式获得最接近社会最优的产出和研发。如果采取非合作行为，获得的产出和研发都将偏离社会最优产出：

$$x^{**} > \tilde{x} > \hat{x} > x^*$$

最接近社会最优产量的是企业在"赛前阶段"采取合作生产：

$$Q^{**} > \hat{Q} > Q^* > \tilde{Q}$$

对于技术溢出较小时，$\beta \leq 0.4$，企业采取的博弈行为是不同的，但次优的 R&D 策略是在这两个阶段都采取合作的行为。以上的分析表明，由于 R&D 存在技术溢出效应，合作行为在一个产业中只存在少数几家

---

① 二阶条件要求 $\dfrac{(1+\beta)^2}{4b} - \gamma < 0$。

企业时可以发挥积极作用。并且，在市场集中度较高的产业里，这种合作研究会使合作伙伴之间共同承担研发成本和共享研究项目的成果，这在美国和欧洲的反垄断许可条例中也是许可的，在中国没有相关的政策限制。[①] 但是，为了精确计算各种完美子博弈的解，在分析方面还存在很多的局限性，并且在建立模型的时候忽略了很多 R&D 活动的重要方面。[②]

第 2 节 差异化与企业间技术溢出

按照产业组织理论，差异化是市场结构的一个主要要素，企业控制市场的程度取决于对产品差异化定位的成功程度。除了完全竞争市场（产品同质）和寡头垄断市场（产品单一）以外，通常，差异化是普遍存在的。市场结构决定了差异化的程度，这就是为什么差异化在有些产业比其他产业更重要的原因。本节将从产品差异化与技术溢出之间的关系分析开始，重点在于引出厂商关于差异化的空间定位对技术溢出效应的影响，并对豪泰林（Hotelling）模型进行求解，在此基础上解释如果考虑技术溢出效应之后厂商的空间差异化定位和聚集行为。

一　产品差异化与技术溢出

在产业经济学中，关于产品差异化的研究重要且很普遍，大多数研究主要强调竞争的特性、消费者的异质性以及产品差异给消费者带来的价值。在大量关于产品差异化的研究中，安德森（Anderson，1992）指出，古诺（Cournot）竞争导致了更多的同质化产品，而勃兰特（Bertrand）竞争能够增加产品的差异性。然而，在有差异的垄断竞争市场里，市场结构会影响技术变革，技术变革又会反过来影响市场结构，并且技术溢出是成本下降的主要原因，长期产出依赖技术溢出和技术扩散的函数形状。因此，本节将在标准的产品差异化框架下建立一个能够把

[①] 政策问题的分析可参见 A. Jacquemin（1987，1988）。
[②] 拓展性的分析可参见 M. Katz（1986），S. Davies（1979）and M. Spence（1986），R. De Bondt et al.（1988）。

产业动态与技术溢出联系起来的模型。

关于产品差异的实证文献很多。肖（Shaw，1982）研究发现，英国肥料产业逐渐出现了产品集群。斯旺（Swann，1985）在微处理器产业也发现了类似的情况。克莱珀尔和西蒙（Klepper & Simons，1997）的研究范围更加广泛，他们对四个产业的发展和演进进行了研究，发现"产品标准"在其他三个产业中逐渐显现。与青霉素产业相比，生产者没有聚集在单一技术的生产者周围。除此之外，现在的诸多研究发现，产品差异化的程度仍然很高，这自然会导致诸如技术范围为什么和怎么样演变的问题。毫无疑问，"技术基础"在解释技术范围方面具有重大的潜力。有些技术自然而然地以降低成本为目的（或改善质量），并且吸引其他生产者围绕这一技术进行集聚生产。虽然地理位置的影响是强烈的，但人的行为仍是决定性因素。亚瑟（Arthur，1989）认为，当存在较强的不完全替代产品和"干中学"时，产生路径依赖是可能的。如果产品享有初始成本优势，就会得到较大的市场份额，导致更多的"干中学"，使该产品最终可能会夺取整个市场。麦克唐纳德等（MacDonald at al.，1994）和克莱珀尔（Klepper，1996）研究认为，技术范围最终取决于公司之间的战略互动，并且产品差异化随时间推移而改变。在一个长期的动态框架下，厂商只考虑生产豪泰林（Hotelling）部分的差异化产品（技术范围）。在第一阶段，所有厂商拥有共同的知识，技术范围是平坦的（每一个厂商的生产成本相同），假设市场中存在双寡头垄断，就会出现这样两种情况：一方面，市场份额吸引着厂商朝市场中心集中；另一方面，差异化定价策略会促使厂商远离市场中心，朝外围分散。如果运输成本是距离的二次方函数，价格竞争占主导地位，那么，厂商往往会采取最大化产品差异化策略，并朝彼此相反的方向定位。在这种情况下，厂商成本的降低主要依赖自身的技术进步，但是，投资所带来的技术进步收益中的一部分会不可避免地溢出给竞争对手。然而，当水平溢出比较弱时，厂商的技术投资收益只能溢出给予其技术水平最接近的厂商。如果厂商的定位可以随着时间的推移而发生改变，出于成本的考虑，在下一期这种极端差异会被加强，从长期来看，在特征空间的成本曲线将呈现为倒"U"形，厂商保持在市场两端定位，并仍以同样的速度继续投资。

相反，如果技术溢出效应是强大的，创新扩散方程在特定空间上是凹函数，中间技术将从两个厂商降低成本的投资中获益。在第二阶段，厂商定位因为彼此接近中间技术而增强了他们的成本优势。技术范围呈现"U"形，并且厂商定位越来越集中。由于厂商之间空间距离减小，溢出效应变得更加强大，但是"搭便车"行为变得越来越普遍和严重，最终导致投资越来越少。这种围绕单一技术形成的集群式的同质性逐步上升和异质性逐渐下降，似乎已成为许多产业的普遍特点。

二 空间差异化与豪泰林（Hotelling）模型

新经济地理学在规模报酬递增和垄断竞争的一般均衡分析框架下分析了运输成本、收益递增、关联效应等对空间产业集聚的重要作用，但克鲁格曼等人认为，技术溢出是不可测和难以模型化的，因此刻意避开了对技术溢出与集聚之间关系的研究。马歇尔（1890）、波特（2002）等人根据自己对外部性的界定，指出了技术溢出对产业集聚的重要性。但是，技术在空间传播的时滞和衰减使得技术溢出存在空间局限性，可以说，距离成为技术溢出的重要阻碍。正因为技术溢出具有随空间距离的增加而衰减的特性，技术溢出成为产业集聚的重要影响因素。

豪泰林（Hotelling）建立的空间差异化模型重点在于研究厂商的空间定位问题。该模型主要考虑的是价格竞争，当厂商相互靠近时，产品的同质化会导致激烈的价格竞争，使得厂商利润耗损为零。由于预期到这种结果，厂商不会选择在空间上相互接近，而是会选择最大的空间差异化，因此，在均衡时，厂商会分离定位，不会出现集聚。但是，沿着豪泰林模型的思路，近期的文献更加关注产量竞争下的厂商选址问题，研究认为，事实上存在厂商集聚均衡，因为集聚可以直接导致运输成本的下降。无论是豪泰林模型还是沿着豪泰林（Hotelling）思路进行拓展的模型，研究结论一致认为，运输成本和市场竞争是影响厂商定位的主要因素，而技术溢出对产业集聚的重要影响作用没有得到充分重视。朗和苏贝朗（Long & Soubeyran，1998）认为，技术溢出率依赖于厂商间的空间距离，技术溢出率与空间距离呈反向变化，距离越近，则厂商间的技术溢出越大。在产量竞争模型下，当技术溢出率是厂商距离的凸（或线性）函数时，厂商集聚是纳什均衡。但是朗和苏贝朗（Long &

Soubeyran）模型并未给出明确的厂商集聚方向。因此，皮加等（Piga et al.，2005）在朗和苏贝朗（Long & Soubeyran）模型的基础上进行了拓展，研究发现，存在厂商在城市中心集聚的均衡（彭向、蒋传海，2009）。

在豪泰林模型中，如果考虑技术溢出效应，那么厂商是否仍聚集在城市中心？假设技术溢出效应和运输成本是吸引厂商集聚的重要原因，那么厂商又该如何选择集聚地呢？

假设每个消费者在购买价格低于保留价格的情况下，每一个时期购买一单位的产品，并且市场中存在大量的有差异的消费者 $x \in [0, 1]$ 且均匀分布。消费者面临二次运输成本函数（和工厂定价）：消费者就近购买，在 x 处的消费者买了 x_1 处的产品，面临的成本函数为 $\tau(x - x_1)^2$。假定市场是一期的，在初期仅有两个有差异的厂商（F_1，F_2）进入，并同时选择投资和生产产品。在博弈的第一阶段，厂商同时在 $[0, 1]$ 范围内决定自己的定位和降低成本的投资水平，厂商同时决定生产什么和确定差异化程度的假设似乎非常合理（产品选择和创新过程）。在博弈的第二阶段，豪泰林模型加入了价格竞争。在下一期，同样的博弈将会继续发生，并且厂商在没有额外附加成本的情况下调整定位。F_1 位于 F_2 左侧。

厂商面对的边际生产成本是固定不变的，并依赖于其生产的产品种类，假设技术和产品是一一对应的。产品 x 的边际成本为 $C(x)$，为了降低 x 的生产成本，厂商将投资 I，这些投资引起边际成本降低的函数为 $R(I)$。这里成本降低函数是连续且二次可微的。$R' \geq 0$，$R'' < 0$，$R(0) = 0$，在模型初期，成本不能为负，并假定初始成本非常高。投资会对相邻技术产生溢出效应，也就是说，努力降低一个产品边际生产成本的同时会降低相邻产品的边际生产成本。如果在产品 x 上投资 I，会使 X 的边际生产成本降低 $\alpha(|x - X|)R(I)$，在这种情况下，溢出是附加的，对给定的 x 而言，边际生产成本下降了，溢出增加了。假设溢出方程 $\alpha(\cdot)$ 是连续且二次可微的，$\alpha' \leq 0$，$\alpha(0) = 1$ 且 $\alpha(\cdot) \geq 0$。在 t 期，初始成本函数为 $C^{t-1}(\cdot)$ 如果有一个厂商定位在 x_1 且投资为 I_1，那么在期末，新的成本将会发生改变。

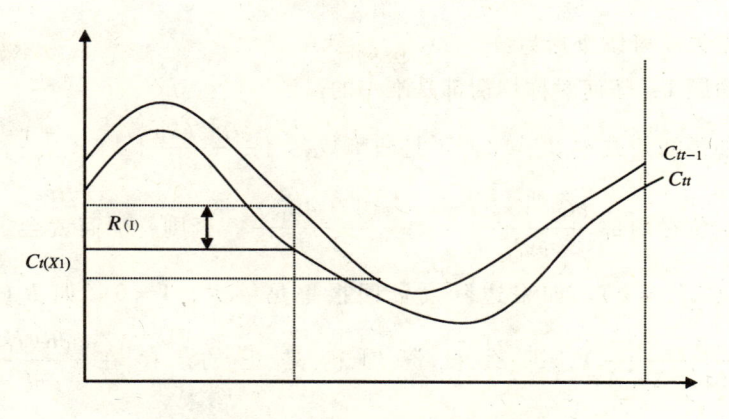

图 4—1　$t-1$ 期和 t 期的成本曲线

三　模型求解

首先，t 期博弈阶段的均衡是完美纳什均衡，定位在 x 时的期末成本与初期成本相同减去由于因厂商的投资 I_1' 和 I_2' 带来的溢出而引起的成本的下降。厂商的定位在这里用 x_1' 和 x_2' 代表。

$$\forall x \in [0,1] \quad C_t(x) = C^{t-1}(x) - \alpha(|x - x_1'|)R(I_1') - \alpha(|x - x_2'|)R(I_2') \tag{4.21}$$

特别是，两个厂商面对的成本函数为：

$$C_1^t \equiv C^{t-1}(x_1') - R(I_1') - \alpha(x_2 - x_2')R(I_2')$$
$$C_2^t \equiv C^{t-1}(x_2') - R(I_2') - \alpha(x_2 - x_1')R(I_1') \tag{4.22}$$

在模型中，每个厂商只存在一期，因此，只追求现期的利润最大化。①

$$\prod_1 = (P_1 - C_1)y - I_1$$
$$\prod_2 = (P_2 - C_2)(1 - y) - I_2 \tag{4.23}$$

P 为厂商的价格，y 是两个厂商之间消费者的差异化定位。有差异的消费者被定义为：

$$P_1 + \tau(y - x_1)^2 = P_2 + \tau(x_2 - y)^2 \tag{4.24}$$

假设初始成本 $C^{t-1}(\cdot)$ 是对称的且在 $[0, 0.5]$ 上是单调的，

---

① 时间上标可以被忽视，因为不存在任何套利行为。

那么结果就可以概括为:

命题1:任何对称均衡都是唯一的。

如果初始成本 $C^{t-1}(\cdot)$ 是凸函数,且 $\frac{\partial C^{t-1}(x)}{\partial x}|_{x=0} < \frac{-\tau}{2}$,那么均衡定位在内部 $\frac{\partial C^{t-1}(x_1^*)}{\partial x_1^*} < \frac{-\tau(1+4x_1^*)}{2}$,否则,厂商就会定位在角上($x_1^* = 0$)。如果边际投资回报率足够大,I = 0(如 $R'(0) > \frac{3}{1-\alpha(1-2x_1^*)}$),那么投资均衡是正的,存在 $\frac{\partial R(I_1^*)}{\partial I_1^*} < \frac{3}{1-\alpha(1-2x_1^*)}$,否则,投资为0。

价格均衡为: $P_1^* = C^t(x_1^*) < \tau(1-2x_1^*)$。

在这里,模型求解的基本方向是首先计算价格子博弈的均衡,并代入它的利润函数(4.24)式。然后就位置和投资的一阶条件解决对称均衡。对均衡的影响存在几个方面:

1. 从(4.24)式中可以看出,市场领域是 $\frac{\partial y}{\partial x_1} > 0$,在一般情况下,这样的市场份额效应往往有利于企业集聚,并定位在市场中心,最大限度地扩大销量。不过,这里同样存在价格策略效应。当厂商定位越来越近时,价格竞争就越来越强,这就会激励厂商提升差异化以缓解价格竞争。这样的价格效应是一个相对公平的标准。二次运输成本的价格策略效应决定市场份额效应。

2. 定位的R&D效应影响意味着每一个厂商的定位都将远离市场中心,以免竞争对手对其R&D投资的"搭便车"行为。但是,竞争对手R&D投资的"搭便车"行为又激励着厂商的定位朝市场中心集中。在对称均衡中,这种R&D效应将会相互抵消。

3. 如果成本在[0,0.5]区间上是增加的且在0.5周围是对称的,那么,成本效应将作为离心力而存在。加上价格效应,在均衡时将达到差异最大化。相反,在U形成本曲线中,成本效应推动厂商向中心集中(如果在成本曲线 $x_1 = 0$ 处的斜坡剖面并不陡峭的话,角点均衡还是可以达到的,因为无论在什么地方,成本效应都无法克服价格效应)。这个成本效应可以分解为两个部分。首先,有一个"绝对成本"组成部分。通

第4章 技术接近:产业集聚的企业间技术溢出

过接近中间定位,厂商降低其生产成本以提高利润。其次,还存在一个"企业偷窃"组成部分,因为较低的成本会使厂商更具竞争力并且占据较大的市场份额。当均衡定位在内部时,它依赖初始成本曲线的形状,如 $\dfrac{\partial C^{(t-1)}(x_1^*)}{\partial x_1^*} < -\tau + \dfrac{(1+4x_1^*)}{2}$,这个比较静态的表达式表明,均衡位置越接近市场中心,初始投资成本曲线在均衡位置处会越陡峭。这是因为在均衡点上,成本效应必须抵消价格策略对价格差异化的影响,原因在于较高的运输成本会促使厂商向市场集中。在此需要解释的是,当"企业偷窃"效应较弱且运输成本较高时,市场份额效应带来的利润就比较小。

4. 定位的 R&D 效应。在双寡头垄断市场,互惠外溢决定着提高投资效率的效应。在这里,内生性的溢出效应强度取决于厂商定位。当投资严格为正,即 $\dfrac{\partial R(I_1^*)}{\partial I_1^*} < \dfrac{3}{1-\alpha(1-2x_1^*)}$ 时,相互越接近的厂商,越拥有较强的外溢和较小的投资。

为了对以上的模型进行动态化扩展,假设初始情况是这样的:$C^0(x) = C(\cdot)$,动态成本曲线是随着时间推移而受聚集投资驱动的。技术溢出的形状也是至关重要的,潜在的复杂动态可能会出现。①

命题 2:如果 $\alpha'' > 0$,成本曲线 $C^t(x)$ 是对称凹函数,那么,厂商将定位在角点上并以相同的速度进行投资。

命题 3:如果 $\alpha'' \leq 0$ 且 $\alpha(1) > 0$,成本曲线 $C^t(x)$ 是对称凸函数,厂商定位将越来越接近市场中心,且随着时间的推移,投资会逐渐下降,而投资的减少会导致成本的下降变得缓慢。

接下来讨论的是如果溢出函数 $\alpha(\cdot)$ 为凸函数,在特征空间上,两个成本之和下降是凸的,因此,初始成本是扁平的,第一个成本下降后就开始变凹。进一步投资只会加强成本的凹性,结果是厂商定位在角点处。相反,如果溢出函数 $\alpha(\cdot)$ 是凹函数,当溢出变得较强时,成本是凸的,进一步追加投资会加强成本的凸性。结果是厂商定位越来越接近,直到溢出越来越强,以致溢出接受方完全不投资,并

---

① 如果命题 2 和命题 3 对溢出函数 $\alpha(\cdot)$ 不适用,可能会出现更为复杂的情况。

且成本不再下降为止。不同的是，累计投资和技术溢出结合起来会产生一个自我强化机制。当技术溢出比较弱或溢出函数是凸的时，周边的技术比中心的技术更能获得现期投资的益处。反过来，这又加强了周边企业在下一期的吸引力，随着时间的推移，企业会构筑自己的发展利基。也就是说，一个较高的异质性能够维持较弱的溢出效应。相反，当技术溢出较强或溢出函数是凹的时，累计投资加强了成本的"U"形形状，从而会导致差异性的减少，这个结果表明，差异性递减原则支持强溢出和凹函数。

通过以上研究可以发现，根据经验判断，如果要进行实证研究，技术之间的距离应该作为企业间技术溢出的重点研究和观察对象，因为企业间技术差距是产生技术溢出的前提，一个大致的判断是技术越接近的企业之间，技术溢出越强，这将作为经济增长与产业集聚研究领域的重要问题而被关注。问题是，虽然技术溢出为经济增长和产业集聚提供了一个颇具吸引力的解释，但是，在实证研究方面，主要的困难在于技术溢出不像价格那样直观和便于观察，不过，大量关于技术溢出的实证研究都用专利申请（引用）数量（获批准数量）或R&D投入（产出）作为技术溢出的替代变量直接应用于模型之中。另外，关于产业层面的技术溢出研究，与技术差距相对应，"实际产业规模"这一指标可能比"技术规模"更为有用，这也是本书后面几章将要研究的内容。

第 5 章

技术接近：产业集聚的产业内与产业间技术溢出

如果技术溢出随距离的增加而衰减，那么技术溢出在促进产业本地化和相同产业集聚方面具有重要作用。如果技术溢出能够在不同产业间发生，那么城市化或者多元化的产业集聚现象也会出现。因此，评价产业的R&D活动对本地化或城市化进程的贡献，首先需要界定地理接近和技术接近哪一个对技术溢出更重要。但是，这种识别是困难的，因为可能存在同一产业的企业集聚不是出于本地企业间的技术溢出。当然，大多数集聚现象是出于产业内技术溢出会随着距离的增加而衰减，但是也可能存在导致集聚的其他因素，如中间投入的共享或自然优势。本章将从技术接近方面研究产业集聚技术溢出效应的重要性。本章研究分为三个方面：一是从技术接近的角度以电子和通信设备产业为例，研究产业集聚的产业内技术溢出；二是从技术差距的角度以高新技术产业和传统产业间的技术溢出为研究对象，研究产业集聚的产业间技术溢出；三是在同一模型下，同时考虑技术接近与技术差距的因素，以53个国家级高新技术产业开发区内5大产业为研究样本，考察产业内和产业间技术溢出的差异。

各种类型的产业集聚都大量存在于现实当中，其实无论是从技术接近还是技术差异的角度研究产业内还是产业间技术溢出，最终目的都将归结为对集聚事实的解释和评价，以及最优产业集聚政策的制定。

第 1 节 产业集聚的产业内技术溢出：以电子及通信设备产业为例

其实，产业内技术溢出在微观层面可具体为企业间技术溢出。但是与第四章研究存在明显的不同,第四章的重点是从市场结构和差异化的角度研究垄断和竞争市场等因素对企业间技术溢出效应的差异化影响,并没有上升到产业的层面。本节的研究主要是分析在同一产业内部由于技术接近的原因,技术溢出是否在同类产品和同一产品代际间发生,并且如何通过"干中学"的途径来获得技术溢出。

本节以电子及通信设备产业为例研究产业集聚的产业内技术溢出问题。尽管产业内和产业间技术溢出一直存在,但是以电子及通信设备产业作为经验证据的研究相对较少。本节以该产业为例有以下几个原因:第一,电子及通信设备产业与高新技术产业具有较高的相关性。虽然技术溢出在这个产业内普遍存在的事实深受怀疑,但仍有很多研究者认为,电子及通信设备产业是一个"战略"性产业。

第二,电子及通信设备产业非常适合作为内生增长理论研究的样本。这个产业强调因"干中学"和技术溢出而导致的收入方面的持续增长和国家的经济增长。技术溢出集中反映在罗默(1986),卢卡斯(Lucas, 1988),阿吉翁和豪伊特(Aghion & Howitt, 1992),格罗斯曼和埃尔普曼(Grossman & Helpman, 1992)的增长模型中,在卢卡斯(Lucas, 1988, 1993)、斯托凯(Stokey, 1988)和杨(Young, 1991, 1993)模型中以"干中学"和外部性的具体形式出现。国际电子及通信设备产业的特征可以用来有效地评估卢卡斯模型(Lucas, 1988)。电子及通信设备产业的技术溢出速度可以作为国内技术溢出的证据来解释国家间收入水平和增长速度的多样性,从而为卢卡斯模型(Lucas, 1993)的结论提供证据。在现实中,技术溢出可以作为一个主要因素来解释令人难以置信的增长,例如韩国在过去40年里的增长。

第三,相对于其他高新技术产业,电子及通信设备产业的集聚程度较高,并且产业规模较大,就业人数较多且流动性强。尤其是技术员工较强的流动性这一事实更符合技术溢出的研究假设,这让该产业的技术溢出拥有了更现实的途径。

尽管电子及通信设备产业得到了战略性高新技术产业政策讨论及与技术溢出相关的增长的充分关注,但是该产业被作为实证样本的研究并不多。在本节中,笔者首先提出研究假说,对一些主要的但存在争议的关于电子及通信设备产业技术溢出的研究结论进行总结,并对以往实证研究已经解决的问题和存在的局限性加以讨论。其次给出本章关于该产业的技术溢出估计，重点是技术溢出只存在于产业内的不同企业间，还是可以溢出到该产业以外的其他产业中。

一 电子及通信设备产业假设

电子及通信设备产业的一个最突出的"程式化事实"是生产经验（累计输出）的提升能够引起单位生产成本的下降。因为电子及通信设备产业的生产需要执行严格的标准精度和清洁度，整个生产过程需要在连续生产运行和信息收集过程中进行调整。具体来说，需要在"干中学"的形式下不断增加产量，也就是说，只有越来越多的可用电子产品的合格率上升了，累计产量才能上升。例如，在电子产品生产周期的早期，高达90%的产出是有缺陷的或无用的，而且是必须被丢弃的，但是，一旦获得了重要的生产经验，这种失败率就可以下降到10%以下。企业可以在"干中学"的过程中获得适当的好处。普遍的看法是，一个企业通过学习至少可以获得其他企业部分技术溢出的好处。也有一些人认为，这种技术溢出主要发生在同一产业内部。从硅谷发展的经验来看，非正式的接触、工程师和其他技术人才所具有的相当程度的流动性可以把生产经验和技术从一家企业转移到另一家。日本电子工业的高速发展就得益于企业间技术员工的高流动性。然而，给予人员流动所产生的外部性和技术溢出已被广泛认识，已经出现了由政府资助的合作研究及其他正式和非正式的企业之间的互动关系。

如果在同一产业内存在技术溢出，那么相关的假设是，产业内技术溢出因技术接近而更易通过"干中学"获得。但是，也有一些关于产业内技术溢出的争论认为，这种溢出是单向的，如企业A可以向企业B学习而获得企业B的外部性和技术溢出效应，企业B则不一定能够向企业A学习而获得企业A的技术溢出。这与企业的开放度和投资限制有关，有些企业出于知识产权和创新的保护会设置正式或非正式的壁垒，限制员工流动和参与企业间的联合研发，这在客观上阻止了企业的技术外溢，限制了企业向其学习的机会。但是，产业内技术溢出是现实存在的，企业限制和阻止技术溢出的行为会将其从产业内技术溢出中孤立出来。

另一个问题是技术溢出是否会发生在电子产品的更新换代中？常见的说法是，在电子及通信设备产业中，某些大批量同质商品的出现成为"技术驱动者"，其他企业在通过"干中学"获得"技术驱动者"的技术后会降低产品更新换代的生产成本。这种技术溢出的好处不仅局限于同代电子产品之间，而且通过向"技术驱动者"学习可以延伸到新一代电子产品的生产上，代际的技术溢出效应可以带来更好的收益率和加快产量提升。这种假设会加强企业在该产业中的定位，对"技术驱动者"的追随可能只是临时的补贴，也可能会在该产业未来的更新换代中转化为永久的优势。

通过以上几方面的研究假设，本节研究的重点在于电子及通信设备产业内部是否存在技术溢出？如果技术溢出效应是存在的，它们对产业的发展是否重要？技术溢出是否存在于产品的更新换代之间？所有这些关于电子及通信设备产业的技术溢出假设是不是可检验的？在研究的过程中哪些数据将是可以获得的？

二 以往的研究证据

关于电子产业的实证研究存在一个基本共识，即"干中学"和技术外溢是电子产业生产的重要特征。最早的实证研究结果几乎变成了固定的事实：电子产业的学习曲线为 0.28（U. S. Department of Commerce, 1979；Baldwin & Krugman, 1988），也就是说，单位生产成本每下降 28% 时，累积产量将翻一番。这个数字被认为是关于学习效应的最佳估计结果，但这些数据大概仅适用于美国，因为研究的实证数据仅来自美国而没有考虑日本和欧洲的生产速度，这个估计可能夸大了"干中学"和技术外溢的作用，存在过度估计的可能。此外，实证研究采用的是 20 世纪 60 年代至 70 年代初的数据，当时电子产业仅处于起步阶段。也有研究发现，通过对最近 20 多年历史数据的研究，并没有发现学习曲线在不同生产之间的可比性。

在研究方法上，大都用回归方法来估计学习参数。一个典型的例子是：

$$P_t \approx C_t = e^{\alpha} (Q_{t-1})^{\gamma} e^{e_t} \qquad (5.1)$$

其中，P_t 是价格，C_t 是每个企业的边际成本，Q_{t-1} 是该产业的滞后累计产出。采取对数回归估计：

$$\ln P_t = \alpha + \gamma \ln Q_{t-1} + \varepsilon_t \qquad (5.2)$$

这种方法的回归估计结果通常比较显著，R^2 大约是 0.98，γ 的 t 统计量都超过 10（Webbink，1977；Dick，1991；Gruber，1992）。这些研究都有一个隐含假设，即在产品周期内，动态边际成本等于静态边际成本。然而，技术外溢和"干中学"意味着动态边际成本将低于实际的边际成本，但是究竟低多少，则取决于未来的生产规模和累积生产经验。除此之外，由于企业成本数据的不可获得性，大多数关于技术外溢和"干中学"的研究都用市场价格代替边际成本。这些研究假定价格成本在一段时间内是一个常数，价格—成本利润率的变化受其他变量的控制，或者说，相对于边际成本的变化而言，其变化幅度非常小。

这些研究还假设不存在序列相关的供给冲击价格，如投入价格、R&D 支出的变化和外生的技术进步（无论是确定的或是随机的）。由于企业产出数据不可获得，这些研究并没有解决"干中学"是来自内部还是外部的问题。

以往关于电子产业技术溢出的估计存在显著的缺陷：实证数据有限并且比较陈旧，在检验技术溢出方面并不是很成功，在控制其他变量影响价格方面也不是很理想。为了更深入地了解产业内技术溢出效应，笔者采用了更丰富的数据集，并对以上所提到的诸多假设进行探讨。

三 实证分析及结果

（一）数据说明

本节研究的目的是估计产品内和产品间的技术溢出效应，因此，为了研究的典型性和数据处理的方便性，实证过程中所采用的样本只选择电子及通信设备制造产业中的集成电路，从集成电路设计（ICD）、集成电路制造（ICP）和集成电路封测（ICB）三个方面对相关企业进行研究。本节实证研究的数据部分采用 2005—2009 年《中国高新技术产业统计年鉴》中电子及通信设备制造产业（SIC：40—404）的公开数据，《中国火炬统计年鉴》中关于高新区产生的相关统计数据，以及半导体产业未公开的企业层面数据。

(二) 估计方法

企业层面的出货量数据能够丰富技术溢出假说。任何企业生产成本的数据都不可获得，然而，假设电子产业是古诺竞争，即所有企业都生产同质化产品，这为本书的分析提供了一个理论架构，其中对成本数据的要求并不严格。假定每一个企业 i 都选择最大化产出 y_i：

$$E_0 \sum_{t=0}^{\infty} (\frac{1}{1+r})^t [p(y_t)y_{it} - c_{it}(\cdot)y_{it}] \qquad (5.3)$$

E_0 是 t 期生产者的条件期望；r 是固定的折旧率；$p(\cdot)$ 是市场需求的逆函数；y 是产业产出；c_i 是企业 i 的边际成本。古诺竞争意味着价格和边际成本之间的一阶条件为：

$$p(1 + \frac{s_i}{\eta}) = c_i^* \qquad (5.4)$$

其中，s_i 为企业 i 在市场中的份额（$\frac{y_i}{y}$），η 为电子产品的价格需求弹性，c_i^* 为企业 i 的动态边际成本。

(5.4) 式严格为正与动态学习所导致的企业当前的边际成本比生产初期阶段有所下降的概念并不矛盾。由 (5.3) 式可派生出，由于技术溢出产生的 (5.4) 式的动态边际成本相当于静态的边际成本减去由于经验的增加而导致的未来成本的下降：

$$p(1 + \frac{s_i}{\eta}) = c_{i0} + E_0 [\sum_{t=1}^{\infty} (\frac{1}{1+r})^t y_{it} (\frac{\partial c_{it}(\cdot)}{\partial y_{i0}})] \qquad (5.5)$$

或者等价于 (5.6) 式的递归形式：

$$E_t \{p_t(1 + \frac{s_{it}}{\eta}) - c_{it} - \frac{1}{1+r} [y_{it+1} \frac{\partial c_{it+1}}{\partial y_{it}} + p_{t+1}(1 + \frac{s_{it+1}}{\eta}) - c^{it+1}] \} = 0 \qquad (5.6)$$

(5.5) 式表示，动态的边际成本是考虑到从现在的产出中获得经验而导致未来成本降低的预期贴现。(5.6) 式是欧拉方程，表示目前的低边际成本和动态较低的边际成本是一致的，这个形式方便估计。(5.6) 式意味着价格成本加成较高的是拥有更高效率的企业（因为更多的学习经验产生了较低的边际成本，过去的研发费用较高，或有利的企业特殊固定效应），从而拥有更大的市场份额。同时也意味着独立的学习效应在产品周期内会产生价格下降路径。新一代产品的率先生产者享有市场垄断地位和较大的价格成本加成，一旦其竞争对手开始生产，该企业的市场份额和价格成本加成会下降。

接下来本书先估计包括经验积累（E_i）在内的静态边际成本：

$$c_i = v_i E_i^\beta e_i^u \tag{5.7}$$

残差项 u_i 代表企业技术改变的外生变量。u_i 估计如下：

$$u_{it} = \mu + u_{it-1} + \varepsilon_{it}$$

（5.7）式中的 E_i 估计如下：

$$E_i = Q_i + \alpha(Q_c - Q_i) + \gamma(Q_t - Q_c) \tag{5.8}$$

Q_i 是企业 i 的总产出，Q_c 是竞争对手的总产出，Q_t 是该产业总产量。（5.8）式隐含着几方面的假设：(1) 技术溢出只存在于企业内部，即 $\alpha = \gamma = 0$；(2) 技术溢出存在于生产同一产品的企业间，即 $\alpha = 1$，$\gamma = 0$；(3) 技术溢出存在于该产业内生产不同产品的所有企业间，即 $\alpha = 1$，$\gamma = 1$。α 和 γ 值为产业内和同一产品间技术溢出的相关贡献。

（三）产品内技术溢出结果

由于（5.6）式包含了不可观测的未来内生变量预期，因此，需要用工具变量估计（5.6）式、（5.7）式和（5.8）式。本书用包含时间趋势、季节虚拟变量、内生滞后变量在内的工具变量的广义矩估计法（GMM），通过 Stata 10.0 统计软件得出的计量结果见表 5—1。从表 5—1 中可以看出，此过程对"干中学"的参数估计是准确的，但对技术溢出的参数估计不准确。学习率大约在 0.115—0.266 之间，技术溢出参数的标准误差大，但是外溢系数都比较低，这意味着虽然存在很大程度的内部学习，但是，产品内的技术溢出并不比产品间的技术溢出效应更强。

表 5—1　　　　GMM 方法估计的产业内技术溢出效应

	β	α	γ	Learning rate	J – Statistic	Observations
ICD	-0.271 (0.085)	0.216 (0.697)	0.812 (1.103)	18.9	105.5	55
ICP	-0.428 (0.096)	0.523 (0.090)	0.713 (0.332)	26.6	106.9	34
ICB	-0.163 (0.132)	0.248 (0.490)	0.330 (0.707)	11.5	8.1	13

注：α 为产品内部技术溢出；γ 为产品间技术溢出；J – Statistic 是服从自由度为 2 的 χ_n^2 分布。

为了对技术溢出参数做更精确的估计,在此假设动态边际成本比静态边际成本的估计更为有效。动态边际成本式为:

$$c_i^* = vE_i^\beta e^{u_i} \qquad (5.9)$$

与上文不同的是,在(5.9)式的估计中不需要使用工具变量,而是采用非线性最小二乘估计。对(5.6)式、(5.8)式和(5.9)式的估计结果如表5—2所示。估计结果基本上都可以拒绝原假设(1)和(2),即技术溢出只存在于企业内部($\alpha = \gamma = 0$)和技术溢出只存在于生产同一产品的企业间($\alpha = 1, \gamma = 0$)。

表5—2　　　　非线性方法估计的产业内技术溢出效应

	β	α	γ	$\bar{R}^2$	$(\alpha - \gamma)^*$	Learning rate	Observations
ICD	−0.293 (0.009)	0.130 (0.048)	0.247 (0.072)	0.76	−0.033	18.4	55
ICP	−0.295 (0.006)	0.450 (0.152)	0.465 (0.145)	0.93	0.102	18.7	34
ICB	−0.266 (0.006)	0.233 (0.041)	0.274 (0.042)	0.98	0.010	16.0	13

注:$(\alpha - \gamma)^*$的最大值在0.05的显著性水平上不能拒绝零假设。

利用似然比检验发现,对这三个案例的原假设(1)和(2)即纯粹的企业内部技术溢出($\alpha = \gamma = 0$)和技术溢出只存在于生产同一产品的企业间($\alpha = 1, \gamma = 0$)都可以拒绝(临界值低于1%)。而对原假设(3)即技术溢出存在于该产业内生产不同产品的所有企业间有一个可以被拒绝,其他两个对原假设的支持也比较弱。实证的结果发现,集成电路设计(ICD)、集成电路制造(ICP)和集成电路封测(ICB)三方面都不支持技术溢出只单纯地存在于生产同一产品的企业内部,而集成电路制造(ICP)的实证结果表明,技术溢出在产业内生产同一产品的企业间比产业内生产不同产品的企业间强。在此对原假设进行检验,$H_0: (\alpha - \gamma) = \delta > 0$,通过对$(\alpha - \gamma)$值的计算,发现ICP和ICB在5%的显著性水平上都不能拒绝原假设,也就是说,技术溢出不仅存在于产业内生产同一产品的企业间,也存在于产业内生产不同产品的企业间。但是，集成电路设计（ICD）的（$\alpha-\gamma$）值在5%的显著性水平上可以拒绝原假设，也就是说，在集成电路设计（ICD）方面，并不支持生产不同产品的企业间技术溢出大于生产同一产品的企业间技术溢出的假设。

从表5—2中可以看出，α和γ的平均值分别为0.27和0.33。这意味着一个企业在生产过程中，当产业内生产同一产品的其他企业（竞争对手）的总产量每增加一个单位就会产生0.27个单位的技术溢出，而产业内所有企业（生产同一产品和生产不同产品）的总产量每增加一个单位，就会产生0.33个单位的技术溢出。也就是说，由于产业内技术溢出的存在，该产业内每个企业对该产业生产的贡献都超过其自身的累计产量的绝对贡献。因此，在技术溢出的边际激励下，企业有动力捕捉学习的机会而获得"干中学"的收益，不过，这种学习大多存在于同一产品内部。生产同一产品的企业和生产不同产品的企业相互间学习很重要，但重要的是对产品内和产品间学习程度的区分，而以上的实证研究并没有给出明确的数据支持。事实上，技术溢出系数可能并不代表外部经济，而是企业间市场（合资或劳动力流动性）或非市场（工程师之间的沟通）之间的交流。实证结果并不一定反映技术溢出的信息，因此，根据实证结果不可能直接得出真实结论。在研究数据收集的过程中，也获得了一些合作生产的企业之间的数据，目的在于研究技术溢出是否只存在于具有合作关系的企业之间。结果并没有足够精确的证据能够证明，具有合作关系的企业之间的技术溢出比独立生产的企业之间的技术溢出强，"干中学"在独立生产的企业和联合生产的企业中一样普遍。

四　产品代际间的技术溢出

前文提到关于产业内技术溢出的另一种可能性是上一代产品为下一代产品提供生产经验，因为上一代的生产经验可以降低下一代的生产成本。在现实中，这种事实应该是广泛存在的，但也有可能即使在上一代产品的经验基础上，下一代产品的开发仍需要大量的技术创新投入，因此，下一代产品的生产成本并不一定会呈现出下降的情况。因此，理论上代际间的技术溢出无疑是存在的，但是，在实证过程中却难以证明。

并且，本节在研究产业内技术溢出时，只收集了5年的数据，5年之间产品的更新换代并不明显，也就是说，现有的数据并不支持产品内代际间技术溢出的实证研究。这方面的实证研究还有赖于企业层面更长时间数据的获得，以及产品在技术方面存在明显的技术连续性和突破。产业内产品代际间技术溢出的研究目的在于发现代际间技术溢出对技术创新、生产成本以及产品生命周期的影响。在此，由于研究数据的限制，本书只能作为研究问题和一个研究角度提出来，在可能的情况下将作为本书的后续研究问题。

总结以上的研究结果可以得出：（1）电子及通信设备制造行业的学习率平均在17.7%。（2）产品内的技术溢出会使企业从竞争对手每增加一个单位的累计产量中获得0.27个单位的技术溢出收益，从产业内所有企业（产品内和产品间）每增加一个单位的累计产量中获得0.33个单位的技术溢出收益。（3）"干中学"和技术溢出在产业内生产同一产品的企业间和生产不同产品的企业间的强弱关系并不明确。（4）产品代际间的技术溢出在理论上是存在的，但是由于本书在数据收集方面的限制，未能对其做实证的检验。

借鉴斯托凯（Stokey，1986）强调市场集中度与企业间学习的紧密关系，本节可以得出比较谨慎的政策：企业间相互学习和技术溢出的普遍存在，企业面临的动态规模收益递增，将会促进市场集中度。而市场集中反过来也会引发更大产业范围内各企业之间的相互学习，提高社会最优产出。但是，这种过于强大的相互学习和技术溢出能增加市场力量，引导企业限制产出，从而偏离社会最优产出。这取决于如何解决适度的市场集中度与产业范围内的技术溢出问题。如果缺乏对该产业结构的确切了解，就不能准确地制定出最佳政策。

第2节 产业集聚的产业间技术溢出：高新技术产业与传统产业

大量理论和实证研究结果表明，一个产业的技术进步不仅取决于其自主研发投入所形成的技术存量，而且，由于技术知识在一定程度上具有"非竞争性"和"非排他性"的特点，其他产业的技术创新也会通过某种渠道直接或间接地影响本产业的技术进步。也就是说，技术创新主体从事技术创新活动，不可能完全享有全部的创新收益。因此，本节将在一个开放的产业系统中，从高新技术产业与传统产业间互动发展关系的角度研究产业间技术溢出问题。在此，对产业的分类没有采用国际标准分类法，而是把产业按照技术规范理论抽象为高新技术产业和传统产业。[①]

一 产业间技术溢出的作用机理

技术溢出可以发生在同一产业内部，也可以发生在具有横向或纵向关联的产业之间。产业间技术溢出的一般规律是从高技术产业扩散或转移到低技术产业，这种扩散或转移存在自愿和非自愿过程。

（一）高新技术产业对传统产业间的自愿溢出

高技术产业的带动效应较高，其信息技术的创新和扩散可渗透到传统产业部门，从而提升传统产业的竞争力。高新技术产业对传统产业的自愿溢出主要包括三方面的途径。第一种是模仿。传统产业对高新技术产业的技术模仿是自愿溢出的主要渠道。高新技术产业向市场提供相关产品的信息，如主要技术参数、技术规范、操作说明等都将成为公共信息而被传统产业获得并结合自身的技术基础加以改造。第二种是合作。由于产业间的关联性，合作是不可避免的行为。高新技术产业所拥有的新技术一旦投入使用，就会被关联产业"免费"学习、消化和吸收。第三种是转让。高新技术产业将拥有的高新技术直接转让给传统产业，在实现技术商业价值的同时也会对传统产业产生技术溢出效应。自愿性技术溢出无论对高新技术产业还是传统产业都意味着福利的增加，对技术研发投资存在正的影响效应。高新技术产业通过技术转让或合作创新等方式获得更多的技术研发投资收益，传统产业不仅可以在技术模仿或技术合作等途径中获得技术溢出收益，并且更愿意在技术研发方面进行投资以获得更强的技术溢出吸收能力。

---

① 按照OECD对高技术产业的统计分类，高新技术主要包括航空航天制造业、计算机与办公设备制造业、医药制造业、电子与通信制造业、科学仪器仪表制造业、电气机械制造业，除此之外，本书都归为传统产业。

（二）高新技术产业对传统产业的非自愿溢出

高新技术产业对传统产业的技术溢出除了自愿溢出外，更多的是非自愿溢出。非自愿溢出主要是因为人力资本的流动和人力资本之间的非正式沟通。科西多（Kesidou，2004）对发展中国家高新区的研究发现，高新区内技术溢出主要是由知识型和技术型员工的流动造成的。当拥有专业技术和管理经验的人力资本在高新技术产业和传统产业间流动时，会将相应的技术和管理经验带入新企业，还有可能获得新的自我发展机会。虽然高新技术产业部门会采取相应的保护措施以避免员工流入竞争对手那里，但技术溢出仍然会发生。除了人力资本流动外，非自愿溢出的另一个主要途径是人与人之间的非正式沟通。由于地理上的接近，不同组织的员工在工作之外较容易发生面对面的交流，这种交流被马歇尔视作"观念的重组"，从而产生知识或技术溢出。

非自愿溢出对高新技术产业而言，意味着福利损失，因此，如果非自愿溢出效应较强，可能会对高新技术产业在技术研发方面的投资意愿产生消极影响。

二 产业间技术溢出的影响因素

产业间的技术溢出主要是通过人才、技术、信息、组织等要素的集聚而不断向其他产业渗透的，并带动其他产业的技术更新和产业结构的优化升级。高新技术产业和传统产业之间的技术溢出主要是因为技术势差的存在，但是，如果二者之间的差距过大，传统产业不具备吸收高新技术产业技术溢出的能力，这就会影响传统产业对技术溢出的吸收。因此，高新技术产业和传统产业间的技术溢出主要受技术水平差距、溢出吸收方的技术吸收能力以及技术知识产权保护三方面因素的影响。

（一）技术水平差距

研究表明，技术差距与产业间技术溢出呈现非线性关系，在技术差距的不同阶段技术溢出效果表现不同。在技术差距的初级阶段（差距不是很大的阶段），溢出水平与技术差距呈正相关关系，二者之间会发生同方向变化；当技术差距扩大到一定程度（传统产业的技术基础不具有对高新技术产业技术溢出的吸收能力）时，技术溢出与技术差距之间呈负相关关系，二者之间发生反向变化。从以上的分析可以看出，技术溢出与技术差距之间呈"U"形相关。技术溢出效应受技术差距的影响，技术差距是技术溢出的前提条件，但是，只有技术差距在一定的范围内时，才有利于溢出的产生。

（二）技术吸收能力

当技术差距存在时，高新技术产业的自愿和非自愿的技术溢出都可能会发生，但是对传统产业而言，是否能把高新技术产业溢出的技术真正变为己用，还取决于传统产业的技术吸收能力。尤其是在高新技术产业自愿溢出的前提下，传统产业的技术基础将会影响其对高新技术产业技术的引进、消化和吸收，并进一步转化为自身的技术能力。传统产业的技术吸收能力是影响技术溢出的内在因素，传统产业的吸收能力与高新技术知识溢出效应呈现正相关关系，传统产业的吸收能力越强，对高技术产业的追赶速度就越快。因此，提高传统产业的技术吸收能力是增强技术溢出效应的关键因素。

（三）知识产权保护

关于知识产权保护对技术溢出影响的研究很多。诸多经济学家基于南北技术扩散的分析框架对知识产权保护与技术溢出之间的研究发现，加强南方国家知识产权保护增加了其模仿成本，不利于南方国家的技术进步和经济增长（Helpman，1993；Glass & Saggi，2002；韩玉雄、李怀祖，2003）。但是迪万和罗德里克（Diwan & Rodrik，1991），巴苏和大卫（Basu & David，1998）认为，北方国家研发的技术并不一定适合南方国家，因此南方国家有必要加强知识产权保护，激励本国自主创新。杨和马斯库斯（Young & Maskus，2001）认为，加强南方国家知识产权保护能够激励北方国家的创新活动并且能够加强北方对南方的技术转移，使世界总体技术水平提高。这些研究文献均假设知识产权保护与技术进步之间为简单的线性关系。但是施耐德（Schneider，2005）对47个发达国家和发展中国家1970—1990年数据的研究发现，知识产权保护与发达国家的技术革新率之间存在很强的正相关性，但与发展中国家的技术革新率负相关。

高新技术产业和传统产业之间技术溢出与知识产权保护的关系与南北之间（发达国家与发展中国家之间）的研究颇为相似。知识产权保护和技术溢出之间存在这样的两难困境：一方面，为了获得技术溢出的吸收能力，传统产业需要加强知识产权保护以激励技术创新；另一方面，加强知识产权保护却减少了技术溢出。单纯从溢出方和吸收方而言，产权保护力度越大，溢出效应就越不明显，所以，产权保护与溢出效应呈负相关。但是，从全社会角度而言，知识产权保护是对技术溢出效应实施的规范交易。从理论上讲，知识产权保护使技术通过市场交易达到资源的合理配置成为可能。

三　产业间技术溢出的实证检验

（一）理论模型构建

本节对高新技术产业和传统产业之间互动关系的检验，基于高新技术产业对经济增长的贡献作用，这种贡献作用类似于出口对经济增长的作用，因此，借鉴费德尔（Feder，1983）模型，把工业产业划分为高新技术产业和传统产业两个部门。这两部门的生产函数分别为：

$$H = f(L_h, K_h) \quad (5.10)$$

$$N = g(L_n, K_n, H) \quad (5.11)$$

H 和 N 分别代表高新技术产业部门和传统产业部门的产品量，L 和 K 分别是劳动力与资本要素。(5.11) 式假设传统产业部门的产量 N 受高新技术产业部门的产量水平 H 的影响。L 代表劳动力：L_h 代表高新技术产业部门的劳动力；L_n 代表传统产业部门的劳动力；K 代表资本：K_h 代表高新技术产业部门的资本，K_n 代表传统产业部门的资本。劳动力和资本总量为：

$$L = L_h + L_n \quad (5.12)$$

$$K = K_h + K_n \quad (5.13)$$

全社会工业产业总产品 Y 代表高新技术产业和传统产业产品之和：

$$Y = H + N \quad (5.14)$$

费德尔模型将高新技术和传统产业劳动与资本边际生产力的相互关系表达为：

$$\frac{f_l}{g_l} = \frac{f_k}{g_k} = 1 + \delta \quad (5.15)$$

f_l，f_k，g_l 和 g_k 代表劳动力和资本的边际产出，δ 是两个部门间相对边际生产力的差异，$\delta \geq 0$ 或 $\delta \leq 0$。当 $\delta \geq 0$ 时，高新技术产业部门的相对边际生产力高于传统产业部门。根据 (5.12) 式、(5.13) 式和

第5章 技术接近：产业集聚的产业内与产业间技术溢出

(5.14) 式和 (5.15) 式，可以推导出回归方程：

$$\frac{dY}{Y} = \alpha \left(\frac{I}{Y}\right) + \beta \left(\frac{dL}{L_n}\right) + \gamma \left(\frac{dH}{H}\right) \left(\frac{H}{Y}\right) \quad (5.16)$$

在 (5.16) 式中，α 是传统产业部门资本的边际产品；β 是传统部门劳动力的产出弹性；γ 代表高新技术产业部门对经济增长的贡献，由高新技术产业技术溢出和高新技术产业部门与传统产业部门间要素生产力差异构成，$\gamma = \frac{1}{1+\delta} + g_h$。$\frac{dY}{Y}$，$\frac{dL}{L}$ 和 $\frac{dH}{H}$ 分别代表总产量、传统产业部门劳动力和高新技术产业部门产量的增长率；$\frac{H}{Y}$ 是高新技术部门产量占总产量的比例，$\frac{I}{Y}$ 是固定资产投资占 GDP 的比例。

为了分别估计出 (5.16) 式中高新技术产业部门的技术溢出和要素生产力差异 (δ)，假设传统部门产品的弹性是不变的。

$$N = g(L_n, K_n, H) = E^\theta \varphi(L_n, K_n) \quad (5.17)$$

在 (5.17) 式中，θ 代表技术溢出参数：

$$\frac{N}{H} = \theta\left(\frac{N}{H}\right) \quad (5.18)$$

根据 (5.17) 式和 (5.18) 式，(5.16) 式可以变形为：

$$\frac{dY}{Y} = \alpha \left(\frac{I}{Y}\right) + \beta \left(\frac{dL}{L_n}\right) + \left[\frac{\delta}{1+\delta} + \theta \left(\frac{N}{H}\right)\right] \left(\frac{dH}{H}\right) \left(\frac{H}{N}\right) \quad (5.19)$$

对 (5.19) 式作进一步调整：

$$\frac{dY}{Y} = \alpha \left(\frac{I}{Y}\right) + \beta \left(\frac{dL}{L_n}\right) + \left[\frac{\delta}{1+\delta} - \theta\right] \left(\frac{dH}{H}\right) \left(\frac{H}{Y}\right) + \theta \left(\frac{dH}{H}\right) \quad (5.20)$$

以上是分析高新技术产业作用与经济增长的技术模型，可以按照同样的思路分析传统产业对经济增长的溢出作用。

$$H = f(L_h, K_h, N) \quad (5.21)$$

在 (5.21) 式中，N 表示传统产业部门的技术溢出。与以上的推导过程相同：

$$\frac{dY}{Y} = \alpha_1 \left(\frac{I}{Y}\right) + \beta_1 \left(\frac{dL}{L_h}\right) + \left[\frac{\delta}{1+\delta} - \theta_1\right] \left(\frac{dN}{N}\right) \left(\frac{N}{Y}\right) + \theta_1 \left(\frac{dN}{N}\right) \quad (5.22)$$

其中，α_1，β_1 分别指高新技术产业部门资本和劳动力的边际生产率，θ_1 表示传统产业对高新技术产业的技术溢出，δ 代表传统产业与高新技术产业部门的要素边际生产率差异。

（二）样本与数据说明

在回归模型中，代表产出的 Y 用工业总产值衡量；劳动人数 L 用实际工业部门就业人数代替；投资 I 用工业部门固定资产投资替代；高新技术产业的产出量用工业部门中高新技术产业的工业生产总值衡量；传统产业的产出量为工业部门总产值减去高新技术产业的产值；工业总产出增长率均用以 1992 年为基期的商品零售价格指数进行折算调整；高新技术产业和传统产业部门产出与总产出之比均用名义值。本样本空间确定为 2000—2009 年，各项统计数据分别来自《中国统计年鉴》《中国科技统计年鉴》和《中国工业统计年鉴》。

（三）回归结果及分析

运用 Stata 10.0 的经济计量软件对模型（5.20）式和模型（5.22）式分别进行回归，结果如表 5—3 所示。

表 5—3　　　　　　　　费德尔（Feder）模型回归结果

高新技术产业溢出结果		传统产业溢出结果	
变量	系数	变量	系数
$\dfrac{I}{Y}$	0.3523 (4.2358***)	$\dfrac{I}{Y}$	0.3669 (3.2495***)
$\dfrac{\mathrm{d}L}{L_n}$	−0.0551 (−0.4223)	$\dfrac{\mathrm{d}L}{L_h}$	0.4215 (2.2520**)
$\dfrac{\mathrm{d}H}{H}\dfrac{H}{Y}$	−0.5020 (−4.7750***)	$\dfrac{\mathrm{d}N}{N}\dfrac{N}{Y}$	1.8303 (−1.6891*)
$\dfrac{\mathrm{d}H}{H}$	1.1289 (6.1155***)	$\dfrac{\mathrm{d}N}{N}$	0.1689 (1.6016*)
R^2	0.8751	R^2	0.7508
$D-W$	1.9301	$D-W$	2.243
P	0.0000	P	0.0001

注：括号内为 t 统计值，*、**、*** 分别代表 10%、5% 和 1% 的显著性水平。

第5章 技术接近：产业集聚的产业内与产业间技术溢出

从表 5—3 中的回归结果可以看出，在两个模型中，$\frac{I}{Y}$ 的系数均大于零，且统计显著。当高新技术产业投资增加 1% 时，对工业经济增长率的带动作用为 0.3523%；而当传统产业的投资增加 1% 时，会促进工业经济的增长率提高 0.3669%。从劳动力就业变化来看，$\frac{dL}{L_h}$ 前的系数为 0.4215，且统计显著，这表明在高新技术产业就业人数的增多会促使高技术产业部门的发展，并提高中国的整体就业水平。$\frac{dL}{L_n}$ 前的系数为 -0.0511，反映了传统产业部门对劳动力增加的吸收能力有限，也从侧面反映出中国传统部门可能存在劳动力供给过剩问题。[①]

从高新技术产业部门来看，高新技术产业对经济增长的促进作用都比较显著。在回归结果中，反映高新技术产业对传统产业溢出的 $\frac{dH}{H}$ 系数 $\theta = 1.1289$，t 值在 1% 的置信水平上显著，表明当高新技术产业部门对经济增长产生 1 单位的贡献时，就会有 1.1289 单位的作用溢出到传统产业部门。从这一结果可以看出，高新技术产业部门对传统产业具有较强的技术溢出效应。高新技术产业部门比传统产业拥有相对较高的边际生产力，根据计算结果 $\delta = 2.68$，当其他条件保持不变时，两部门同时追加 1 单位的资金，高新技术产业的产出将比传统产业的产出高 2.68 倍。高新技术产业部门较高的生产率能够直接或间接地对传统部门产生技术溢出效应。

从传统产业部门来看，传统产业技术溢出模型的回归结果表明，传统产业部门对高新技术产业也存在技术溢出效应，反映传统产业对高新技术产业溢出的 $\frac{dN}{N}$ 系数 $\theta = 0.1689$ 表明，当与传统产业部门对经济增长产生 1 单位的贡献时，就会有 0.1689 单位的作用溢出到高新技术产业部门。与高新技术产业部门的技术溢出效应相比，传统产业对高新技术产业的技术溢出效应较弱。根据计算结果，传统产业技术溢出模型中

---

① 本书的实证结果与 Feder（1983）的研究结果一致，费德尔认为，在研究当期内样本存在劳动力供给过剩的情况时，$\frac{dL}{L_n}$ 的系数不显著。

的参数 $\delta = -2$，表明传统产业的边际生产率远远低于高新技术产业，并且 $\frac{dN}{N}$、$\frac{N}{Y}$ 和 $\frac{dN}{N}$ 的 t 统计量都只在10%的水平上显著，因此，可以说明传统产业的外部性并没有得到充分的发挥，传统产业对高新技术产业的溢出作用并不显著。

以上的实证结果表明，中国产业间技术溢出存在这样的特征：

1. 高新技术产业对传统产业的技术溢出较强，而传统产业对高新技术产业存在较弱的技术溢出但在统计上并不显著。但是，这一特征表明了在中国现阶段工业体系中传统产业与高新技术产业之间的互补性。问题的关键是，一方面，传统产业如何利用高新技术产业的技术溢出效益以提升自身的技术水平和促进产业升级，而且传统部门在提高对高新技术产业技术外溢吸收能力的同时必须扩大对自身的投入，不然，传统产业的发展就会受到影响；另一方面，高新技术产业如何更好地利用传统产业的基础支持，在技术创新的同时加快技术的应用和转化以带动经济增长并促进传统产业外部性的释放。

2. 虽然传统部门对高新技术部门的技术溢出效应微弱，但是产业体系中二者之间的互补关系使得高新技术产业部门不仅要对自身产业进行积极投入，也应关注其创新，在其他产业发展滞后时，为其进行一定的投入，使其能够适应整个经济发展的需要，这也有利于促进高新技术产业自身的发展。但是，产业间非自愿的互动关系在市场中不一定能够得到有效的实现，需要政府政策的推动和促进，而这些现象和问题也为政府制定相应的产业政策提供了理论和现实依据。对由此引发的产业政策的制定，本书将在第7章进行详细分析。

第3节 产业集聚的产业间与产业内技术溢出：同一模型框架

瑞夫（Ruff，1969）最早从产业层面研究技术溢出问题，分析了寡头垄断市场结构中劳动力投入变化对产业增长的影响。研究发现，雇佣研究工作者比雇佣一般劳动力更能促进产业增长，其原因在于一种来自其他厂商的潜在知识"传递"对厂商产生了较大的影响。此后，阿斯普莱蒙等人（Aspremont et al.，1988）、彼得（Peter，1995）以及其他学者对产业层面的技术溢出问题进行了研究。从外部性理论来看，MAR 外溢理论认为，知识溢出主要来源于产业内不同企业间，而雅各布溢出（Jocobs，1969）和波特溢出（Porter，1990）都认为，技术溢出主要来自产业间。格雷瑟（Glaeser，1992）通过对美国 170 个城市 6 个大产业部门的研究表明，雅各布外溢和波特外溢比 MAR 外溢更为重要，技术溢出主要源于产业间而非产业内。亨德森（Henderson，1995）把产业分为高技术产业与传统产业部门，研究发现，在传统产业部门只存在 MAR 溢出，而在高新技术产业部门既存在 MAR 溢出，也存在雅各布溢出。龙志和、蔡杰（2008）对中国 30 个省市 25 个工业产业 1999—2003 年的面板数据进行分析发现，只存在显著的 MAR 溢出效应，不存在波特溢出效应。以往的大量的研究结论存在较大差异，其主要原因在于样本数据选择的差异。[①]

产业之间和产业内部横向和纵向的技术溢出效应不同，因而，产业间和产业内技术溢出一直被分割开来进行研究。但是，在较小的空间范围内，产业间和产业内的技术溢出虽然存在差异，但在现实中却难以进行区分。本章前面两节分别对产业内和产业间技术溢出进行了研究，在此基础之上，为了便于比较和根据实证结果制定有效的产业政策，本节将把产业间与产业内技术溢出纳入同一模型中进行实证研究。

一　模型构建

本节将从生产成本和生产结构角度研究产业内和产业间技术溢出效应问题，并在同一模型下估计 R&D 投资的社会回报率对私人投资回报率的偏离。很多实证结果认为，产业内和产业间技术溢出能够降低单位生产成本，产业间的技术溢出更富有弹性，在一般情况下，强大的技术溢出能够对企业内部的 R&D 资本产生替代作用（Evenson & Kislev，1973；Cohen & Levinthal，1986；Levin & Reiss，1985）。然而，对具有

---

① 参见龙志和、蔡杰《中国工业产业发展中知识溢出效应的实证研究》（《经济评论》2008 年第 2 期）一文的分析。

较大研发倾向的企业而言,企业的 R&D 资本和产业内技术溢出会形成互补关系。① 也有研究认为,对所有产业而言,社会回报率大大超过了私人收益,产业间技术溢出对社会收益率的影响效应比较小(Jeffrey,1988)。相反,产业内技术溢出对社会收益率与私人收益率的影响较大。对一个企业而言,R&D 投资不仅可以降低其自身的生产成本,而且可以通过外部经济或技术外溢降低同一产业或不同产业其他企业的生产成本。技术溢出除可以降低其他企业生产成本和提升生产率外,还能激励接收技术溢出的企业扩大 R&D 资本投入,以便提升技术溢出的吸收能力,更充分地获得外溢知识(Evenson & Kislev,1973;Cohen & Levinthal,1986)。

本节的分析框架和研究模型建立在社会 R&D 投资收益和私人 R&D 投资收益的二分法基础之上,通过 5 大产业数据估计技术溢出对产出结构和产出成本的影响,并对产业内和产业间技术溢出来源作出区分,评价不同类型技术溢出对产业成长和产业集聚的影响,以及衡量社会 R&D 投资收益率与私人 R&D 投资收益率之间的偏离,这一偏离与产业内和产业间技术溢出差异相关。在此假定,厂商降低自身的生产成本并不是 R&D 投资的全部收益,由于外部性和溢出效应,厂商的 R&D 投资也会给其他相关生产者带来生产成本降低的收益。厂商的成本函数为:

$$c = C(y, w, S) \qquad (5.23)$$

c 代表生产成本;y 代表 m 维的产出向量;w 代表 n 维的要素价格向量;S 代表 q 维的溢出向量。假设存在产业内和产业间技术溢出,$S = (S_1, S_2)$,S_1 为产业内技术溢出;S_2 为产业间技术溢出。技术溢出与厂商的 R&D 资本存量相关。$S_1 = \sum_i K_r^i$,定义为同一产业内部除了本厂商以外的所有厂商 R&D 资本存量之和。$S_2 = \sum_j \sum_l K_r^{lj}$;$l$ 代表厂商;j 代表除了本产业以外的所有产业。因此,产业间溢出是本产业以外的其他产业 R&D 资本存量的总和,代表本产业以外的技术池。

本书构建的成本模型把技术溢出对产出成本和产出结构的影响都纳

---

① Cohen and Levinthal(1986)的研究认为,企业之间积极和消极的互动都能够激励产业内部溢出效应的产生,并会导致企业和产业 R&D 投资增长。Spence(1984)的研究侧重于不完全独占的回报与 R&D 投资,在这种情况下,Spence 发现,均衡的 R&D 投资将下降。

入其中。

$$\begin{aligned}\ln c = &\alpha_0 + \sum_i \alpha_i \ln w_i + \sum_j \beta_j \ln y_j + \sum_k \varphi_k \ln S_k + 0.5 \sum_i \sum_l \alpha_{il} \ln w_i \ln w_l \\ &+ 0.5 \sum_j \sum_h \beta_{jh} \ln y_j \ln y_h + 0.5 \sum_k \sum_g \varphi_{kg} \ln S_k S_g + 0.5 \sum_i \sum_j \gamma_{ij} \ln w_i \ln y_j \\ &+ 0.5 \sum_i \sum_k \lambda_{ik} \ln w_i \ln S_k + 0.5 \sum_j \sum_k \mu_{jk} \ln y_j \ln S_k \\ &+ 0.5 \sum_i \sum_k \lambda_{ik} \ln w_i \ln S_k + 0.5 \sum_j \sum_k \mu_{jk} \ln y_j \ln S_k \end{aligned} \quad (5.24)$$

因为存在产业内和产业间两种溢出，所以 $k = 2$，S_1 和 S_2 分别代表产业内和产业间 R&D 投资溢出。此外，$\alpha_{il} = \alpha_{li}$，$\beta_{jh} = \beta_{hj}$，$\varphi_{kg} = \varphi_{gk}$，$\gamma_{ij} = \gamma_{ji}$，$\mu_{jk} = \mu_{kj}$，$\lambda_{ik} = \lambda_{ki}$，并且成本函数在要素价格方面是同质化的。

$$\sum_i \alpha_i = 1; \sum_i \alpha_{il} = 0, l = 1, \cdots, n \quad (5.25)$$

$$\sum_i \gamma_{ij} = 0, j = 1, \cdots, m; \sum_i \lambda_{ik} = 0, k = 1, 2 \quad (5.26)$$

要素价格与溢出变量之间交互影响，这是组成部分同质化的条件。这种交互作用使得产业内和产业间溢出效应不仅影响生产成本而且影响要素需求。根据方程（5.24），每种要素成本份额可计算成：

$$s_i = \alpha_i + \sum_l \alpha_{il} \ln w_l + \sum_j \gamma_{ij} \ln y_j + \sum_k \lambda_{ik} \ln S_k \quad i = 1, \cdots, n \quad (5.27)$$

$s_i = \dfrac{w_i v_i}{c_i}$ 是第 i 个要素的成本份额。v_i 是第 i 个要素的需求量。

因为 R&D 的外部性，R&D 的资本投入与其他要素投入不同。假定对 R&D 的资本需求和其他要素要求一样，是通过成本最小化决定的，R&D 资本也受产出量、生产要素价格以及技术溢出的影响。这一假设只是为了建立模型方便，但没有抓住对 R&D 资本需求的其他特征。R&D 资本投入是昂贵的，R&D 投资状况是不能够迅速改变的，事实上，R&D 资本存量积累是一个随机投资过程，是不可逆的。因此，有关市场化的 R&D 资本不确定性特征和动态调整不反映在当前模型中。

二 数据及变量

（一）数据来源

本书主要研究的是城市经济学意义下产业集聚的技术溢出问题，重点研究产业集聚区产业内和产业间的技术溢出问题。因此，研究样本选自 53 个国家级高新技术产业开发区内的 5 大产业，具体数据通过对

《中国高新技术产业统计年鉴》和《中国火炬统计年鉴》5 大产业 2005—2009 年相关数据整理而来。

这 5 大产业分别为：**医药制造业 27**（1. 化学药品制造 271 + 272；2. 中成药制造 274；3. 生化制品制造 276）**航空航天器制造 376**（1. 飞机制造及修理 3761；2. 航天器制造 3762；3. 其他飞行器制造 3769）。**电子及通信设备制造业 40—404**（1. 通信设备制造 401：通信传输设备制造 4011，通信交换设备制造 4012，通信终端设备制造 4013，移动通信及终端设备制造 4014；2. 雷达及配套设备制造 402；3. 广播电视设备制造 403；4. 电子器件制造 405：电子真空器件制造 4051，半导体分立器件制造 4052，集成电路制造 4053，光电子器件及其他电子器件制造 4059；5. 电子元件制造 406；6. 家用视听设备制造 407；7. 其他电子设备制造 409）。**电子计算机及办公设备制造业 404 + 4154 + 4155**（1. 电子计算机整机制造 4041；2. 计算机网络设备制造 4042；3. 电子计算机外部设备制造 4043；4. 办公设备制造 4154 + 4155）。**医疗设备及仪器仪表制造业 368 + 411 + 412 + 4141 + 419**（1. 医疗设备及器械制造 368；2. 仪器仪表制造 411 + 412 + 4141 + 419）。

（二）变量解释

在模型中包括四种要素投入：劳动力、原材料、物质资本和 R&D 资本。在要素投入价格方面，劳动力价格和物质资本存量是两位数平减指数，原材料价格是 GDP 的平减指数，R&D 资本存量被定义为 R&D 在人力、物力、实物资本方面投资份额的 Divisia 指数。与投入要素价格相对应的是四种要素的投入量，劳动与物质投入用投入成本减去 R&D 支出后除以相关要素价格指数来衡量。物质资本和 R&D 资本存量用使用期经济折旧的余额来代替。物质资本的折旧率采用两位数产业分类的折旧率。而知识的折旧取决于计量模型的框架，如果知识被看作投入要素，那么折旧率就与 R&D 资本相关。由于 R&D 资本包含实验室、科研设备、科学家和工程师及相关材料，R&D 资本折旧率涉及其组成要素的折旧率。因此，R&D 资本折旧是指物质资本、人力资本以及原材料因使用而减少的价值。如果知识被作为产出要素而存在于模型中，则一般以专利来代替（Pakes and Schankerman, 1984），因此，知识折旧是指专利的价值下降。尽管概念上 R&D 资本确实存在贬值，但在测量方面仍存在一些问题，最重要的是 R&D 资本的价值很难获得，因为租金或者"有用知识"市场一般不存在。但是，曼斯菲尔德和威廉姆斯（Mansfield & Williams，1973）以及帕克斯和香克曼（Pakes & Schankerman，1984）等的研究结果表明，产业知识贬值快于物质资本。尽管关于知识贬值问题一直都处于研究当中，但是大多数计量模型基本上都采用了 10% 的折旧率。在此也继续采用 10% 的折旧率。

每个企业的产出量是指销售量加上存货除以生产者价格平减指数。溢出变量代表产业间和产业内技术溢出。产业内任何一个企业的技术溢出变量设定为同产业所有竞争对手 R&D 资本存量总和的滞后一期。产业间技术溢出变量设定为其他产业 R&D 资本存量总和的滞后一期。之所以选择滞后一期，是因为一般认为，技术溢出对现时还未折旧的 R&D 投入积累存在依赖关系，同期的 R&D 投入并不产生溢出效应。这是一个合理的假设。因为时间序列数据的缺失，较长滞后期的 R&D 资本将不能得到检验。如果不是滞后一期的 R&D 资本存量而是同期的 R&D 资本存量被用作技术外溢的替代变量，那么对方程的估计就会在产业内和产业间同时出现技术溢出的问题。此外，技术溢出变量必须被定义为不包括自身 R&D 资本投入，否则就会出现自己对自己溢出的情况。

三 模型估计及讨论

（一）成本结构和技术溢出估计

方程（5.24）和（5.27）定义了 5 个生产成本方程式和 4 个成本份额作为共同的因变量，而产出、生产要素价格和溢出变量被认为是预先确定的。其中一个份额方程式（材料的份额）在估计时被删除了，因为成本的总份额必须统一，所以只有三个独立的份额方程。按照标准做法，误差项应被追加到方程式中进行估计。

有关技术溢出变量的估计是一般显著的。这表明产业内和产业间的 R&D 投资溢出通过要素的需求结构会影响生产成本和生产结构。企业的技术溢出可以通过反映溢出变量的生产成本和要素需求来获得。从方程（5.24）及（5.27）可以推导出：

$$\partial \ln(\frac{c}{y})/\partial \ln S_i = \varphi + \varphi\ ii \ln S_i + \sum_{j=j,m}^{p,r} \lambda\ ji \ln w_j$$

$$\partial \ln v/\partial \ln S_i = \partial \ln \frac{c}{y}/\partial S_i + \frac{\lambda\ ji}{s_j} i = 1,\ 2\ ;\ j = l,$$

$$m,\ p,\ r \quad v = L,\ M,\ K_p,\ K$$

L 是劳动力需求；M 是原材料需求；K_p 是物质资本需求；K 是 R&D 资本需求。当 $v=L$ 时，$j=l$；当 $v=M$ 时，$j=m$；当 $v=K_p$ 时，$j=p$；当 $v=K_p$ 时，当 $j=r$，溢出弹性的估计结果见表5—4 至表5—8。

表5—4　　　　　　医药制造业（27）溢出弹性

溢出	单位成本	劳动力	原材料	物质资本	R&D 资本
产业内（s_1）	-0.050 (0.027)	-0.214 (0.082)	0.025 (0.014)	-0.205 (0.101)	0.672 (0.302)
产业间（s_2）	-1.117 (0.469)	-2.599 (0.540)	-0.782 (0.392)	-0.109 (0.028)	-5.771 (1.609)

表5—5　　　　　　航空航天器制造（376）溢出弹性

溢出	单位成本	劳动力	原材料	物质资本	R&D 资本
产业内（s_1）	-0.079 (0.015)	-0.078 (0.040)	-0.213 (0.123)	-0.501 (0.313)	0.536 (0.138)
产业间（s_2）	-0.854 (0.203)	-3.037 (0.383)	0.474 (0.111)	2.223 (0.256)	-3.774 (1.900)

表5—6　　　　电子及通信设备制造业（40—404）溢出弹性

溢出	单位成本	劳动力	原材料	物质资本	R&D 资本
产业内（s_1）	-0.050 (0.026)	-0.033 (0.032)	0.057 (0.025)	-0.121 (0.073)	0.856 (0.038)
产业间（s_2）	-0.973 (0.434)	-0.392 (0.198)	-0.579 (0.307)	-0.993 (0.585)	-5.002 (1.727)

表 5—7　电子计算机及办公设备制造业（404＋4154＋4155）溢出弹性

溢出	单位成本	劳动力	原材料	物质资本	R&D 资本
产业内（s_1）	－0.047 （0.025）	－0.021 （0.012）	0.043 （0.035）	－0.051 （0.013）	－1.356 （0.338）
产业间（s_2）	－0.957 （0.224）	－0.797 （0.493）	－1.729 （0.707）	－1.303 （0.385）	－3.656 （1.275）

表 5—8　医疗设备及仪器仪表制造业（368＋411＋412＋4141＋419）溢出弹性

溢出	单位成本	劳动力	原材料	物质资本	R&D 资本
产业内（s_1）	－0.052 （0.021）	0.135 （0.077）	0.018 （0.009）	0.129 （0.733）	0.338 （0.078）
产业间（s_2）	－0.941 （0.338）	－0.492 （0.236）	－0.877 （0.208）	－0.443 （0.211）	－6.502 （1.925）

从以上这些表中所反映的 5 大产业估计结果来看，总体上存在两方面的共同特征：一是产业间的技术溢出远远高于产业内技术溢出，说明产业间的技术溢出所带来的平均成本的下降远远高于产业内技术溢出。二是当一个产业拥有较大的 R&D 资本份额时，产业内技术溢出的增加会带来单位成本更大的下降，像医药制造业、飞机制造业、电子及通信设备制造业和医疗设备及仪器仪表制造业。然而，当一个产业拥有较小的产业 R&D 资本份额时，产业间技术溢出的增加会带来单位成本更大的下降，因为 R&D 或技术溢出的增加会使竞争对手产生更大的效益，因此，在相对较大的产业内部，企业有较大倾向花费在 R&D 资本上，而在产业之间，企业在 R&D 上的资本投入倾向相对较小。

关于对要素需求的影响，从表 5—4 至表 5—8 中可以观察到，所有产业的产业间溢出对本企业的 R&D 资本投入具有替代作用。产业间溢出虽降低了单位生产成本，但也激励了企业为获得对自身 R&D 资本需求的替代而产生"搭便车"行为。后者的影响是非常明显的，因为拥有相对较大的弹性，所以企业愿意投入在 R&D 资本方面的倾向较小，如电子计算机及办公设备制造业。

从弹性的绝对值来看，产业内的技术溢出对研发资金的需求影响比产业间小。此外，还有企业之间的差异效应，像电子计算机及办公设备制造业，愿意投入在 R&D 资本方面的倾向较小（拥有较小的 R&D 资本份额），趋向于从产业内获得技术溢出以替代自身对 R&D 资本的需求。但是，像医药制造业、飞机制造业、电子及通信设备制造业和医疗设备及仪器仪表制造业就偏向于较大的 R&D 投入，在 R&D 资本的需求与产业内技术溢出之间形成了互补关系。

劳动力、原材料和物质资本的需求也反映在 R&D 投资溢出的结果中。在所有的产业里，劳动力的需求下降是产业间技术溢出的结果。对于原材料的需求，结果也是一样的。只有在航空航天器制造产业里，原材料的增加会带来产业间溢出的增加。而物质资本需求的影响取决于花费在 R&D 资本方面的相对倾向。在 R&D 资本投资倾向相对较大的产业里，物质资本和产业间溢出之间存在一种互补关系。然而，对于其他产业而言，产业间溢出与物质资本之间是一种替代关系。

产业内溢出对劳动力、原材料以及物质资本的影响没有产业间技术溢出的影响效应强。此外，拥有 R&D 倾向较大的产业对原材料需求的下降是产业内技术溢出增加所致。在物质资本和劳动力需求方面，产业间没有显著的共同趋势。对于 R&D 倾向相对较小的产业而言，劳动力和物质资本需求的增加会导致产业内技术溢出的下降，但原材料刚好相反。

（二）R&D 资本的社会回报率

R&D 投资溢出意味着在 R&D 资本的私人回报率和社会回报率之间创造了一个传导介质。对任何一个企业而言，溢出效应都存在两个来源（同一产业内的竞争对手和其他产业的企业），因此在私人和社会回报率方面会有两种截然不同的差异。一个产生于产业内溢出，另一个来自产业间溢出。因此，R&D 资本的社会回报率等于私人回报率加上产业内和产业间溢出效应。对社会 R&D 资本回报率的推导可以转化为向量最小化问题：

$$\min(L, M, K_p, K_r)$$

$$\ln y^{fg} = F^{fg}(\ln L^{fg}, \ln M^{fg}, \ln K_p^{fg}, \ln K_r^{fg}, \ln \sum_{j=1}^{jg} K_r^{jg}, \ln \sum_{l=1}^{Q} X_r^l) \quad (5.28)$$

$f = 1, \cdots, jg; g = 1, \cdots, Q$

其中，上标 f 代表一个产业的企业数量，g 代表产业数量。存在 Q 个产业有 jg 个企业。Y 代表产出，F 代表生产函数，边际生产为正的严格准凹函数。L, M, K_p, K_r 代表所有产业的所有企业投入需求向量。$\sum_{j=1}^{jg} K_r^{jg}$ 代表产业间溢出，$\sum_{j \neq g}^{Q} X_r^l$ 代表 g 产业的产业内溢出，产业内技术溢出有部分是来自产业间技术溢出，即存在 $X_r^l = \sum_{j=1}^{jl} K_r^{jl}$，是第 l 个产业 j 个企业 R&D 资本存量的总和。存在一个向量极小化问题的解，意味着存在一个权重为 $\omega^T = (\omega L, \omega M, \omega K_p, \omega K_r) \geq 0$ 的目标函数 $\omega^T V \cdot V^T = (L, M, K_p, K_r)$。向量 ω 代表社会要素的价格，与市场给出的要素价格相反，设定 R&D 资本的要素价格 $\omega_r^{fg} = p_r^g (\rho_r^{fg} + \delta_r^{fg}) \tau_r^{fg}$，$\rho_r^{fg}$ 是 R&D 资本税前的净社会回报率，p_r^g 是产业 g 购买 R&D 资本存量的价格，δ_r^{fg} 为折旧率，τ_r^{fg} 为第 g 个产业第 f 个企业与 R&D 税收相关的支出。（5.28）式求解的充分条件是：

$$\rho_r^{fg} = r - \sum_{jr} (\partial \ln c^{jg} / \partial K_r^{fg}) c^{jg} - \sum_Q \sum_{q=1}^{jl} (\partial \ln c^{ql} / \partial K_r^{fg}) c^{ql} \quad (5.29)$$

$f = 1, \cdots, jg; g = 1, \cdots, Q$

其中，r 是从 R&D 资本的租金率中获得的私人回报率，$w_r^{fg} = p_r^g (r + \delta_r^{fg}) \tau_r^{fg}$ 与 R&D 资本的边际产品成正比。在（5.29）式中，任何企业的 R&D 资本的社会回报率都等于私人回报率，加上同一产业内竞争对手成本的下降，再加上其他产业所有企业的成本下降。后两项代表了产业内和产业间的边际溢出效应。这里要强调的是，如果 R&D 资本不是该企业成本最小化的一部分，那么，R&D 资本与租金率将不成正比。这意味着，R&D 资本的私人回报率与物质资本的私人回报率之间存在差异。在这种情况下，R&D 资本的社会回报率估计会失之偏颇。

表 5—9　　　　　　　　　R&D 资本的社会回报率

产业	产业内边际溢出	产业间边际溢出	社会收益率
医药（27）	0.0501	0.0183	0.2013
航空航天器制造（376）	0.1023	0.0211	0.2310
电子及通信设备制造业（40—404）	0.1197	0.0222	0.2601
电子计算机及办公设备制造业（404+4154+4155）	0.0764	0.0197	0.2134
医疗设备及仪器仪表制造业（368+411+412+4141+419）	0.1220	0.0217	0.2677

R&D 资本的社会回报率及其组成见表 5—9。产业内的数据是每一个产业所有企业的平均值，产业间的数据是所有产业的平均值。从表 5—9 中可以看出，首先，在 R&D 资本投资倾向较大的产业，其 R&D 资本（扣除折旧）的社会回报率比私人回报率大。

其次，在 R&D 资本的社会回报率的贡献方面，产业内的溢出效应主宰着产业间的溢出效应。后者的贡献大约为 9%，而前者的贡献大约为 50%。

最后，更重要的是，产业间的边际溢出效应非常相似，这意味着 R&D 资本的社会回报率在产业间的差异主要取决于产业内竞争对手之间的溢出强度。产业内边际技术溢出效应与产业的 R&D 资本投资倾向正相关。事实上，产业内的边际技术溢出较大的这三个产业（航空航天器制造 376，电子及通信设备制造业 40—404 和医疗设备及仪器仪表制造业 368+411+412+4141+419）的技术外溢大约比其他两个产业的 R&D 资本投资倾向大 75%。因此，社会和私人之间 R&D 资本的投资回报率的差异以及产业间 R&D 资本的投资回报率的差异是由 R&D 资本存量所导致的产业内溢出效应引起的。与 R&D 资本投资倾向较小的企业相比较，企业拥有相对较大的 R&D 资本投资倾向是产生技术溢出的重要来源。

通过生产者行为模式对 R&D 资本的投资回报的不可完全占有性进行了估计，因为在 R&D 资本积累的过程中产生了溢出效应。技术溢出发生在同一产业内的不同竞争对手之间和不同产业的企业之间，产生了产业内和产业间技术溢出。首先，因技术的自由流动，获得这种外部性的企业的生产成本会下降。其次，技术溢出改变了要素的需求比例，最终改变了生产结构。

通过国家级高新区 5 大高新产业对技术溢出所带来的成本下降和要素结构的偏离进行了有效估计。研究结果表明，这两种类型的溢出效应降低了平均生产成本。然而，若考虑所有产业的技术溢出情况，相对于产业内技术溢出而言，产业间技术溢出所引起的单位成本下降幅度较大。此外，技术溢出可以改变 R&D 资本的需求。产业间溢出对 R&D 资本需求和弹性产生了负影响。对所有的产业而言，产业内溢出弹性小于产业间的溢出弹性。更重要的是，产业内技术溢出对 R&D 资本的投资倾向具有补充作用，而产业间的技术溢出对 R&D 资本的投资倾向具有替代作用。

溢出效应的存在预示着，社会和个人 R&D 的回报收益率有所不同。在 R&D 资本投资倾向较小的产业，社会回报率大约超过私人回报率的 70%；在 R&D 资本投资倾向较大的产业，社会回报率大约比私人回报率大 12%。产业间技术溢出对 R&D 资本的社会回报率的贡献相差不多且都比较小。然而，在 R&D 资本投资倾向较大的产业，社会资本收益率与私人收益率差别较大。

第 6 章

地理位置：产业集聚与区域经济增长

区域经济内在增长的动力主要来自两方面：技术溢出和产业集聚，这二者是提高区域生产率的关键要素。产业集聚通过市场规模效应、技术和知识溢出效应以及社会资本效应促进区域经济增长，而区域经济增长又进一步强化了产业集聚，二者进入循环累积因果过程。这足以说明产业集聚区的资源配置效率高，产业集聚可以推动区域经济快速增长（张玉明，2008），因为集聚效应的关键是外部规模经济，集聚能导致生产某一产品的平均成本下降，进而产生递增的规模效应。这一观点从不同的角度得到了共同的支持，如马歇尔（1890）从外部规模经济的角度指出，在特定区域内，某种产业的集聚发展能够引起该区域内生产企业的整体成本下降，企业集聚在"产业区"内，信息的溢出可以使集聚企业的生产效率高于单个分散的企业，特别是通过人与人之间的联系促进了知识在该地区的溢出，从而降低了劳动力搜寻成本和辅助生产成本。克鲁格曼（1991）也从区域经济与规模经济的角度，解释了工业活动的集中性。与马歇尔和克鲁格曼的观点基本相似，韦伯（Webber，1909）从成本节约和收益递增的角度论证了产业集聚对区域经济发展效率的正面影响。但是韦伯的成本节约主要来源于区位优势和专业化。邓宁（Dunning，1988）把区域优势归结于要素投入和市场的地理位置状况、基础设施等，而这些正是集聚效应的体现。佩鲁（Perroux，1955）在研究区域经济增长时并没有直接提及集聚的效应，但是引入了"推动性单位"和"增长极"的概念，认为一个地区经济增长是受这种"推动性单位"支配的，当"推动性单位"增长或创新时，能诱导其他经济单位的增长。推动性单位可能是一个工厂或者是同部门内的一组工厂，或者是具有共同合同关系的某些工厂的集合。而增长极就是这些"推动性单位"在特定区域的集中。国内学者大多是从实证的角度对这些理论进行检验和证明的，基本上支持了产业集聚对区域经济增长的贡献作用。

总之，这些研究的观点和结论都表明了产业集聚与区域经济之间的关系。从中国近年来区域经济的发展情况看，产业集聚的作用不可忽视，但是，本章研究的前提是把产业集聚作为一个中性的概念，也就是说，产业集聚只是产业在空间范围上趋于集中的过程或状态，不一定都能够促进经济的增长。因此，本章从地理位置接近的角度以 53 个国家级高新技术产业开发区为例，研究更小范围内产业集聚对区域经济增长的影响。

第 1 节　区域经济增长的要素分析

技术发展和集聚效应是区域经济发展的两个重要影响因素，也常常被理论界作为研究区域经济增长的两个问题。但是，产业在一定范围内的集聚发展是技术溢出的重要条件，因此，理清产业集聚与技术溢出之间的内在关系，在同一框架下研究产业集聚的技术溢出对区域经济的影响是非常必要的。但是，在同一框架下研究此问题之前，本章沿着以往的研究思路，先分别分析技术要素和集聚要素对区域经济增长的影响。在此基础上再分析技术溢出与产业集聚之间的关系以及这二者与区域经济增长之间的关系。

一　技术要素理论与发展现状

（一）区域经济增长的技术要素理论

不同的增长理论对增长源泉的理解不一样。一方面，新古典增长理论强调技术进步对经济增长的驱动性和贡献作用。索洛（Solow）的新古典增长模型假定技术是外生的，并且具有一定的非竞争性和非排他性，在传播和扩散的过程中是无成本的。这两点假设使得技术在新古典增长理论下无法解释私人企业投资 R&D 的激励机制。与新古典增长理论不同的是新增长理论对私人企业投资 R&D 活动所作出的解释。罗默

(Romer,1990)最先修正了技术的纯粹公共性假设,认为技术是非竞争性的投入,具有部分的排他性,经济增长是由具有非竞争性和部分排他性的技术投入驱动的。罗默关于技术具有排他性的假设克服了新古典增长理论关于技术假定的局限,在一定程度上解释了私人企业投资R&D 的激励机制。另一方面,新增长理论把技术溢出所产生的外部经济作为生产率提高和区域经济获得长期增长的关键因素(Romer,Grossman & Helpman, Aghion & Howitt et al.)。但是,技术溢出对经济增长的影响没有涉及任何空间的因素,技术溢出和产业集聚对区域经济增长的影响仍是两个不同的研究问题。

随着城市经济学和空间计量经济学的发展,空间因素被引入经济增长的模型之中,在理论上强调了空间位置对经济影响的重要性,为技术溢出和产业集聚研究提供了新的视角。卢卡斯、布莱克和亨德森、伊顿和埃克斯坦(Lucas, Black & Henderson, Eaton & Eckstein)分别从人力资本的角度把技术溢出与空间集聚相联系。他们认为,在同一个地方每个工人所获得的新技术能被共享或溢出给其他工人,使得整体上劳动力的生产效率提高。正是这种空间范围上的技术溢出促使城市的集中和人力资本的累积,最终促进区域经济的内生增长。

(二)区域经济增长的技术要素发展状况

在理论上,技术对区域经济增长的贡献作用已获得充分认可,但实际上区域内的技术发展状况到底如何,本节将从科技投入方面[①]对区域内技术要素作出描述性统计分析。在此仍然以国家级高新技术产业开发区为样本,分析高新区内技术投入状况,并与相对应的省市高新技术投入做对比。

中国的高新技术产业开发区在技术发展方面,无论是从事科技活动的人员数量、科技活动的经费支出、专利发明和专利申请还是 R&D 的

---

① 有些研究认为(彭连清,2008),应该从投入产出两个方面分析技术对经济增长的贡献,只有技术投入转化为技术产出,才是有效率的投入,因此,变量替代专利申请授权量,被用来描述技术对经济增长的影响。与其研究的侧重点不同,本章重点在于研究技术溢出对区域经济增长的影响,而只要有技术投入,就会产生技术溢出,并促进经济增长。相反,在专利授权后,往往会涉及技术保密问题,因而对技术溢出可能会产生抑制作用。

经费支出都有很大的增长。这里主要从 R&D 活动方面分析高新区的技术发展状况，因为 R&D 所引起的技术变革对经济增长能够起到很大的推动作用，其途径主要有两个方面：一是直接通过创新刺激增长；二是通过技术转移产生间接影响（Griffith，2004）。从 R&D 投入与高新区经济增长之间的关系来看，内生增长理论认为，对知识产出部门的投入可以促进技术进步，最终带动实际 GDP 的增长。在国内，大量的实证研究也证明了 R&D 投入对经济增长的贡献率。徐瑛（2006）对全国 2000—2003 年技术进步对经济增长贡献率的测算结果是 10.24%，张明喜（2010）对 2001—2008 年全国 53 个高新区的研发投入产出弹性进行了测算，平均结果为 12.45%。以往的文献对 R&D 投入的研究大多集中在国家、区域、企业或科研机构层面，而对国家高新技术产业开发区内 R&D 投入的研究严重不足（张明喜，2010）。并且，对高新技术产业开发区而言，R&D 活动及 R&D 经费投入的增长对推动科学技术和高技术产业发展具有至关重要的作用，因此，本节重点从 R&D 方面分析高新区的技术发展状况，具有更为直接和便捷的意义，目的在于研究高新技术产业区内技术集聚对区域经济增长的影响关系。

从投入强度来看，国家级 53 个高新技术产业开发区 2008 年整体的科技活动经费支出为 24688.1 亿元，国家级高新区企业的科技经费支出达 2468.3 亿元，研发投入为 1658.2 亿元，R&D 的投入强度为 2163.5 亿元，其中 R&D 的投入为 1348.8 亿元，整体投入强度仅为 2.0%（详细情况见章后附表）。

通过对 2008 年 53 个高新技术产业开发区 R&D 投入状况的测算发现，高新区 R&D 投入与相对应省（市、区）高新技术产业 R&D 投入比例差别较大，这反映了有些高新区高新技术产业集聚程度较高，而高新区高新技术产业集聚程度则比较低。[①] 表 6—1 给出了在 53 个国家级高新技术产业开发区中，R&D 投入占对应省（市、区）高新技术产业 R&D 投入比例分别为前十位和后十位的高新区名单。其中前十位的高

[①] 因为高新区的定位就是高新技术产业集聚发展的地方，而高新技术产业又是需要大量研发投入支持的产业，所以，本章用高新区的 R&D 投入占全省高新技术产业 R&D 投入的比来衡量高新技术产业的集聚程度。

新区 R&D 投入与高新技术产业 R&D 投入比都超过 100%，最高的是包头，投入比达到了 3.21；最低的是长春，投入比为 1.11，这一比例基本上反映了两方面的现象：一是高新技术产业的集聚程度比较高，且主要集中在高新区内；二是高新区 R&D 投入不只包含高新技术产业的 R&D 投入，当然也包含了除高新技术产业之外的其他产业的 R&D 投入，因此这一比例会大于 1。但是，这也反映了在这些高新区内集聚的企业都比较重视 R&D 投入，当这些企业聚集在一起时，更容易产生技术溢出并促进当地的经济增长。相反，排名后十位的高新区，其 R&D 投入与高新产业 R&D 投入比最高不超过 12.6%，最低为杨凌，只占陕西高新技术产业 R&D 投入的 0.02%，说明这些地方虽然定位为高新区，但实质上并没有形成高新技术产业的集聚地，其在技术溢出和区域经济增长方面的贡献相对较弱。

表 6—1　高新区的 R&D 投入与高新产业 R&D 投入比　　　　（%）

	排名后十位的高新区		排名前十位的高新区	
1	杨凌	0.02	包头	321
2	珠海	2.9	兰州	298
3	惠州	7.6	沈阳	297
4	常州	8.7	武汉	271
5	中山	8.6	成都	246
6	厦门	10.5	大连	187
7	南京	10.9	西安	173
8	佛山	12.0	桂林	131
9	宁波	12.5	南昌	122
10	苏州	12.6	长春	111

二　集聚要素理论与发展现状

（一）区域经济增长的集聚要素理论

马歇尔认为，企业在区位上的接近可以从外部经济中获得利益，特别强调企业的集聚可以增加相互之间的交流，提高学习新技术和创新的能力，以减少生产成本，带来集聚经济效应。这种集聚经济主要来源于技术溢出所带来的技术外部性，中间投入品和劳动力储备所带来的市场外部性。在马歇尔的基础上，皮奥里和萨贝尔（Piore & Sabel, 1984）强调企业间合作、信用、网络、交易成本、技术采用和扩散对空间临近企业的重要性，提出了新马歇尔理论。企业简单地选择聚集在同一区域，并不必然会导致企业之间的合作和正的外部性，只有以新马歇尔理论的外部性为基础，才能产生集聚经济。外部性以及规模报酬递增是企业地理位置集中的最重要的解释性因素。在规模报酬递增的现实中，企业能够从区位的集聚经济中获得利益，这不仅表明集聚经济对于区域经济增长具有决定性的作用，而且把产业集聚和技术溢出放在了统一框架下进行讨论。亨德森（Henderson, 1986）指出，外部经济的产生源于在位置上彼此接近的企业之间正的技术溢出。但是，与马歇尔不同的是，亨德森的研究并没有指出外部性的来源。

（二）区域经济增长的集聚要素发展状况

产业的空间集聚对经济增长的贡献主要来源于其对外部性的分享可以提高效率和降低成本。国家和区域竞争力表现为对各种流动财富的吸引力和利用这些财富创造新价值的能力，而集聚是在全球化与区域化相互作用下参与竞争的主要力量。改革开放以来，中国产业集聚现象日益凸显，集聚要素对经济增长的贡献越来越不容忽视。在此，仍然以53个国家级高新技术产业开发区为样本，以工业产值的集中度为指标，对区域经济的集聚状况做一分析。

集聚要素的发展程度可以通过劳动力、固定资产投资等生产要素的投入及集中程度来反映，但是本章主要采用高新区工业产值的集中程度来衡量产业的集聚程度对区域经济的影响。因为高新区工业总产值占该省（市、区）工业总产值的比重在一定程度上可以直接反映高新区集聚发展的效率，比用要素投入的集中程度来衡量产业集聚对区域经济增长的贡献更为直接。表6—2给出了2007—2009年53个国家级高新技术产业开发区的工业总产值占相对应省（市、区）工业总产值的比值情况。2007—2009年的均值分别为0.86%、7.99%和5.44%，最大值分别为9%（合肥）、39.4%（北京）和36.9%（北京），而最小值为

0.06%（杨凌）、0.03%（洛阳）和0.6%（杨凌）。①

表6—3反映了2007—2009年53个国家级高新技术产业开发区工业产值集中度的前十位。其中，2007年，高新区工业总产值占相对应省（市、区）工业总产值最高的是合肥高新技术产业开发区，但是，

表6—2 2007—2009年53个国家级高新技术产业开发区工业产值的集中程度

	2007	2008	2009
均值	.0086418	.0799479	.0544413
标准差	.0136181	.0758656	.0605021
最大值	.0900884	.3943776	.3697677
最小值	.0006078	.0002694	.0060423

表6—3 2007—2009年53个国家级高新技术产业开发区工业产值集中程度前十位　　　　　　　　　　　　　　（%）

排名	地区	2007	地区	2008	地区	2009
1	合肥	9	北京	39.4	北京	36.9
2	北京	4.2	西安	27.5	海南	17.7
3	海南	2.6	长春	24.8	西安	17.6
4	长春	2.23	哈尔滨	17.1	长春	16.8
5	西安	2.22	武汉	16.4	上海	10.6
6	上海	1.31	海南	15.9	重庆	8.8
7	吉林	1.29	重庆	15.1	哈尔滨	8.7
8	重庆	1.25	成都	14.9	武汉	8.5
9	武汉	1.19	包头	13.5	吉林	8.2
10	昆明	1.1	长沙	13.1	成都	8

---

① 这里要讨论的是，杨凌国家农业高新技术示范区工业总产值占该省工业总产值的比例在其他53个高新区中是最低的。这可能有两个原因：一是杨凌本身经济总量比较低，因而占陕西省的工业总产值比例较低，对陕西的经济贡献度也较低。二是杨凌本身的定位是农业科技示范区，工业集聚的程度并不高，工业产值也较小。但是，与杨凌示范区相比，洛阳国家高新技术产业开发区是以硅电子材料、钛（钨钼）材料、特种轴承和装备制造业四个特色产业为主导的研发和生产基地，但其2008年的工业产值只占河南省工业总产值的0.03%。

它在 2008—2009 年均未进入前十位。2008—2009 年,比值最高的是北京中关村,其工业总产值占全北京市工业总产值的 39.4% 和 36.9%。在连续 3 年中,高新区工业总产值占该省(市)工业总产值的比稳定进入前 5 位的是北京、长春和西安。根据表 6—3 并结合各个高新区的具体定位,可以基本分析出高新区的集聚发展效率和对当地经济发展的贡献程度。

选取的 53 个国家级高新技术产业开发区分别分布于 28 个省(市、区)(除宁夏、青海和西藏外),因为有些省(市、区)高新区数目较多[①],所以会出现高新区工业产值较为分散的可能,为了准确反映区域经济在整体上的集聚情况,表 6—4 把同一省(市、区)的高新区工业产值比例进行了合并,发现相对应的省(市、区)层面的前 5 名顺序与未合并前并无太大的变化,说明这些省(市、区)的工业产业在高新区的产业集聚程度高。相反,像山东、江苏、广东三省虽然高新技术产业区数目较多,但合并之后,其工业产值的集中比例并未得到明显的提升,说明其产业在高新区的集聚程度并不高,产业集聚对区域经济的贡献程度较低。

表 6—4　　　　产业集聚程度较高的前 5 个省(市)　　　　(%)

排名	地区	2007 年	地区	2008 年	地区	2009 年
1	安徽	9	北京	39.4	北京	36.9
2	北京	4.2	陕西	38.9	吉林	25
3	吉林	3.4	吉林	37	陕西	23.8
4	陕西	2.9	黑龙江	27.4	海南	17.7
5	海南	2.6	湖北	21.8	黑龙江	15.4

三　产业集聚、技术溢出与区域经济的关系模型

产业集聚与技术溢出以及这二者与区域经济增长之间的关系也受到了多方面的关注。马丁和奥塔维亚诺(Martin & Ottaviano,2001)提出

---

① 其中有三个以上高新区的省是辽宁(3 个)、山东(5 个)、江苏(4 个)、广东(6 个)、陕西(3 个)。

的产业集聚和经济增长相互关系模型,揭示了产业集聚与经济增长之间的循环累积因果关系。他们认为,产业集聚通过货币外部性降低了创新成本,促进了区域经济的增长;增长通过创新激励了经济活动的空间集聚,集聚又引致了更低的创新成本和更高的增长。这是一个在正反馈机制主导下的循环因果自我强化的过程。但是,西科恩和哈尔(Ciccone & Hall,1996)、凯勒(Keller,2002)、西科恩(Ciccone,2002)等在这个循环累积因果关系中则注意到了产业集聚的技术外部性,认为正是产业集聚的技术溢出效应促进了区域经济的增长,经济增长又强化了产业在空间上的集聚。技术溢出随距离增加而衰减是不争的事实,这就决定了技术溢出在相当程度上仍具有地方化属性,也意味着经济活动的空间集聚与经济增长之间存在正相关关系。

许多早期的研究认为,技术溢出是集聚经济的最重要来源。而产业集聚因为地理上的集中和接近产生了技术的空间扩散,这些空间扩散的技术外部性如果被吸收后,就会促进技术吸收方企业技术效率的提高,从而带动区域经济的增长。企业效率的提升和区域经济的增长会共同作用于企业的技术创新投入,产生更强的技术溢出。至此,区域经济进入自我增强的因果循环之中(如图6—1所示)。

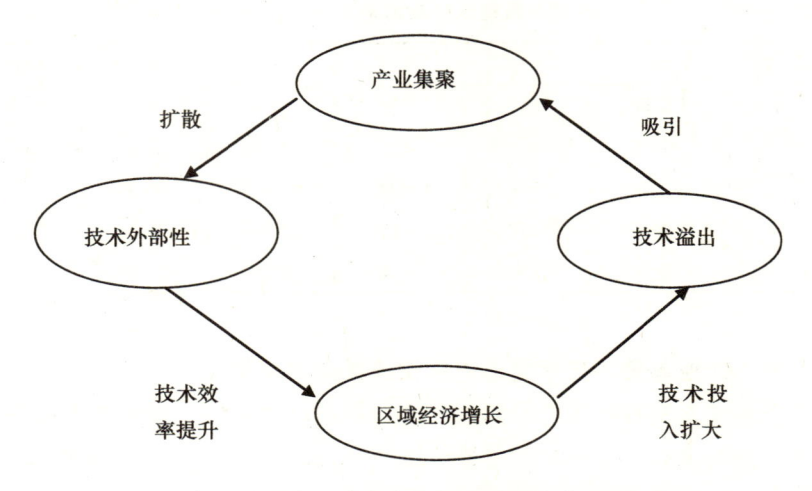

图6—1 技术溢出、产业集聚与区域经济增长关系模型

在空间上接近的企业更容易获得技术外部性所带来的效应,因而技

术溢出会促使和吸引企业在空间上集聚，而与集聚企业相关的企业也会选择临近的位置以便彼此更容易地联系，这就带动了相关产业的企业在空间上的集中，也就是说，从最初的企业集聚逐渐形成产业集聚。可以说，在一个区域内，由于技术溢出的存在，企业因正的技术外部性而降低技术投入的同时，带动了相关产业的集中。产业集聚会带来更大的技术外部性，因此，提高技术外部性的吸收能力成了集聚区内企业的重要目标，企业对技术外部性的吸收会提升企业的技术效率，这种技术效率的提升在企业层面会因地理接近而分享来自其他企业的技术溢出信息，以致节省成本，最终导致企业在地理位置上的进一步集中；在区域经济层面会因技术人员、技术信息、企业家以及其他创新要素的集中而带来经济的增长。而区域经济增长之后所面临的技术需求和投入会发生变化，进一步投资和开发新的技术会造成更大的技术扩散，从而再次引发产业集聚。因此，技术溢出产业集聚与区域经济增长之间的联系不是单向的，而是相互促进的因果循环。事实上，三者之间的中间变量是技术效率，技术效率的增加会直接促进区域经济的增长，并强化技术溢出与产业集聚之间的潜在依赖关系。

第2节 技术溢出与区域经济增长的实证检验

正如前文分析的那样，区域经济增长与产业集聚的技术溢出之间存在循环因果关系，但是，在这个循环因果关系中，技术溢出会带来集聚区内技术效率的提升，集聚区将作为技术前沿而存在，但是在区域内处于技术追随者地位的地区会因技术差距的存在而接受技术前沿的技术溢出，因而整个区域内的技术效率都会获得提升，技术效率的提升会直接带来区域经济的增长。深入研究技术溢出对区域经济的贡献作用，不仅有利于了解区域经济增长的真正动力来源，同时也有利于区域产业政策的科学制定。因此，本节研究的主要问题是技术溢出对区域经济增长的贡献作用。从理论基础和特征事实出发，以国家级高新技术开发区为研究样本，就技术溢出对区域经济增长的影响及效果进行实证检验，验证产业集聚的技术溢出效应对经济增长的重要性，为产业政策的制定提供事实依据。

前文从国家级高新技术产业开发区和产业集群两方面对中国产业集聚现象进行了研究，发现集聚区内技术发展状况都显著高于集聚区外其他地区。根据技术差距理论，在此假设集聚区外的技术追随地区可以模仿和学习集聚区内的前沿技术，并且，在同一区域内，因为地理空间的接近性，要素和信息流动的便捷性等原因，作为技术前沿的集聚区内产业更容易向区域内的技术追随者产生技术溢出，从而提升区域内的技术效率，促进经济增长。本节研究的是区域内产业集聚的技术溢出效应，利用53个国家级高新技术产业开发区2005—2009年的相关面板数据，对中国区域内产业集聚的技术溢出效应与经济增长之间的关系进行实证检验。

一　模型构建及变量解释

虽然新古典经济增长理论和内生增长理论对技术进步促进经济增长的假设不同，[①] 但都认为技术进步是经济增长的动力和源泉。内生增长理论关于经济增长收敛的研究，更多地考虑了技术进步和技术转移对经济增长的贡献作用。对于技术追随者而言，技术创新投入成本很高，经济增长的源泉主要来自对技术前沿的模仿和学习以获得技术溢出收益，缩小与技术前沿的差距，甚至可以缩小经济发展水平之间的差距。根据内生增长理论的政策结论可以得出，一个地区（国家）的技术水平与经济增长之间存在线性相关关系。费格伯格（Fagerberg，1994）关于技术水平与经济增长率之间关系的研究结果表明，经济增长率的差异主要来源于技术水平的差异，而技术水平不仅受自身技术知识积累和利用技术知识进行创新能力增长的影响，而且受国外或周边地区技术溢出的影响。根据技术差距理论，费格伯格认为，一个地区（国家）的产出水平是三个影响因素的非线性函数，其中，技术溢出的贡献是随着技术追随者与技术前沿的距离增加而递减的，其数理模型为：

$$Q = CS^{\varphi}N^{\theta}D^{\tau} \qquad (6.1)$$

Q 代表产出水平，C 为常数，S 代表技术前沿向技术追随者的技术

[①] 在新古典经济增长模型中，技术进步是外生的，内生增长理论把技术进步内化到经济增长的理论框架中。这是二者的主要区别。

溢出，N 代表当地的技术创新水平，D 代表当地利用技术的能力。求微分之后，得：

$$\frac{\mathrm{d}Q}{Q} = \varphi \frac{\mathrm{d}S}{S} + \theta \frac{\mathrm{d}N}{N} + \tau \frac{\mathrm{d}D}{D} \tag{6.2}$$

费格伯格（Fagerberg）假设，技术溢出的速度是技术追随者与技术前沿之间技术差距的增函数，技术追随者的技术存量为 T_h，技术前沿的技术存量为 T_f，则有：

$$\frac{\mathrm{d}S}{S} = \varphi \left(1 - \frac{T_h}{T_f}\right) \tag{6.3}$$

为了描述（6.2）式的变化率，把（6.3）式带入（6.2）式，则有：

$$q = \varphi\varphi\left(1 - \frac{T_h}{T_f}\right) + \theta n + \tau D \tag{6.4}$$

费格伯格（1994）利用 25 个半工业化、工业化国家和地区 1961—1985 年的数据对（6.4）式进行了实证检验，在变量选取的过程中，费格伯格用人均 GDP 差距作为技术差距的代理变量，用专利申请数量作为当地技术创新代理变量，用投资额作为当地利用技术知识能力的代理变量。实证检验的结论是：对新兴的工业化国家及半工业化国家和地区而言，技术溢出对经济增长的贡献要比当地的技术创新贡献大，但随着技术追随者与技术前沿之间技术差距的缩小，技术创新会变得越来越重要。

费格伯格模型虽然是用于对一个国家或一个地区的技术溢出与经济增长之间关系分析的，但根据其假设条件，也适用于分析区域内技术溢出与该区域经济增长的关系问题。本章虽然研究的是区域内的技术溢出问题，但同样可以借鉴此模型。因为在同一个区域内可以把产业集聚区和非产业集聚区作为两个地区来看待①，在此，产业集聚区代表技术前沿地区（发达地区），而把非产业集聚区作为技术追随者（落后地区），二者之间存在技术差距。在费格伯格（Fagerberg）模型的基础上，本章建立了产业集聚的技术溢出对该区域经济增长贡献效应的计量模型：

---

① 本节研究的产业集聚区与非产业集聚区虽然处于同一个地区（省或市），但由于其在政策因素、资源因素以及区域优势等方面都存在差异性，在模型中完全可以作为两个地区来看待。

$$q = \alpha_0 + \alpha_1 \ln S + \alpha_2 \ln FDI + \alpha_3 \ln P + \alpha_4 \ln RD + e \quad (6.5)①$$

在模型（6.5）中，q 为产出水平的增长率，S 为区域内产业集聚的技术溢出，FDI 为区域内 FDI 技术溢出，P 为当地技术创新能力的代理变量，用专利授权数量来衡量；RD 为当地技术运用能力的代理变量，用 RD 投入来衡量。

本章选择用 GDP 的增长率作为产出水平增长率 q 的代理变量。虽然本章研究的是区域内技术溢出问题，但现在 FDI 活动非常普遍，因此必须考虑 FDI 的技术溢出对一个地区总体技术溢出的影响。鉴于此，本模型把技术溢出效应分为 FDI 的技术溢出和产业集聚的技术溢出效应。FDI 的技术溢出用区域内集聚区与非集聚区之间的人均 FDI 投资差距 $(1 - \frac{FDI_h}{FDI_f})$ 来替代，对产业集聚的技术溢出用区域内集聚区与非集聚区之间的技术差距 $(1 - \frac{T_h}{T_f})$ 来替代。② 但现实中技术是难以直接度量的，本章采用人均 GDP 来代表地区技术水平（Fagerberg，1994；窦丽琿、李国平，2004；彭连清，2008）。另外，因为本章研究的是区域内的技术溢出效应，所以技术溢出因空间距离的增加而衰减的现象可以忽略不计。因此，模型（6.5）没有考虑空间距离因素。

当地技术创新能力一般用代表本地技术活动的指标作为代替变量，本地技术活动指标主要有 R&D 投入、专利申请数量、专利授权数量以及从事科技活动的人员数量等，因为当地技术创新能力是反映科技产出效率的，所以与 R&D 投入和从事科技活动的人员数量相比较，专利申请是最能够直接反映创新能力的指标。本章将采用专利授权数量作为区域技术创新能力的代理变量（Fagerberg，1994；窦丽琿、李国平，2004；彭连清，2008）。

费格伯格用投资额作为当地利用技术能力的代理变量，与费格伯格模型不同的是，本章采用 R&D 投入作为利用技术的能力变量，因为当

---

① 在模型（6.5）中，q 没有取对数，因为 q 本身就代表 GDP 的增长率。

② 彭连清（2008）在研究区域间技术溢出效应时，把技术溢出划分为国外先进技术的溢出和国内先进地区的技术溢出，其模型用省 FDI 变量来代替国外技术溢出效应，用国内技术先进地区与落后地区的技术势差代替各地区间的技术溢出。

地对技术溢出的吸收能力取决于当地的技术存量、人力资本存量以及与技术前沿的技术差距等因素，而一个地区的 R&D 投入都会在这些因素上有所反映。

二 数据来源和计算方法

本节实证研究以全国 53 个国家级技术开发区为研究样本，数据来源于 2005—2009 年《中国统计年鉴》《中国人口统计年鉴》《中国工业统计年鉴》和《中国火炬统计年鉴》。产出水平增长率 q 用高新区对应省（市、区）的人均 GDP 增长率来计算；区域内产业集聚的技术溢出 S，用区域内集聚区与非集聚区之间的技术差距 $(1-\dfrac{T_h}{T_f})$ 来替代；T_h 用高新区的人均 GDP 来计算；T_f 用高新区相对应的省（市、区）的人均 GDP 减去高新区的人均 GDP 来计算。同样的方法，FDI 溢出用区域内集聚区与非集聚区之间的人均 FDI 投资差距 $(1-\dfrac{FDI_h}{FDI_f})$ 来替代；FDI_h 代表高新区吸收的 FDI；FDI_f 用高新区相对应的省（市、区）的 FDI 减去 FDI_h 来计算；专利授权数量 P 用高新区对应省份（市、区）的专利申请授权数量来计算；技术运用能力 RD 用高新区对应省（市、区）的 R&D 投入来计算。

在此要做特别解释的是，53 个省（市、区）国家级高新技术产业开发区分布在 28 个省（市、区），因为有的省（市、区）的高新技术产业开发区较多，像广东省有 6 个，这样会使得集聚效应过于分散，因此，对产业集聚的技术溢出 S 和产业集聚的 FDI 溢出分别进行计算，最后对 53 个结果根据相对应的省（市、区）进行合并，最终合并为 28 个集聚区。

三 实证分析及结果讨论

通过 Stata 10.0 软件对 28 个集聚区 5 年的面板数据进行处理，根据经验，产出水平增长率 q、R&D 投入、FDI 以及专利申请 P 一般来说存在趋势非平稳性，因此需要对变量进行单位根检验。由于数据是平衡的，本章选择 LLC 法进行检验，发现存在单位根，而进行一阶差分后则不存在单位根（检验结果见表 6—5）。

表6—5　　　　模型（6.5）中变量的单位根检验结果

变量	LLC	变量	LLC
q	-20.233	△q	-33.132**
lnS	18.620	△lnS	-25.416**
lnFDI	-27.226	△lnFDI	-30.897*
lnP	-25.307	△lnP	-67.732*
lnRD	-13.853	△lnRD	-15.531**

注：**系数的显著水平为5%；*系数的显著水平为10%。

因此，本章对模型（6.5）进行 GLS 回归，经 Hausman 检验发现，固定效应模型比随机效应模型的估计结果好，因此接受固定效应模型的估计。表6—6报告了高新区产业集聚对区域经济增长影响的 GLS 回归结果。

表6—6　　　　模型（6.5）的 GLS 回归结果

变量	系数	标准差	t 值	P 值
_cons	3.1291**	.05026	6.22	0.000
lnS	-.0357*	.09192	-2.27	0.012
lnFDI	.0019**	.03723	1.016	0.000
lnP	.0542**	.01344	0.40	0.010
lnRD	.1488**	.01906	1.00	0.000

总体显著性检验 $R-sq(within) = 0.8871$　$F(4,135) = 292.85$　$Prob > F = 0.0000$

注：**系数的显著水平为5%；*系数的显著水平为10%。

从回归结果看，模型拟合程度较好，与理论预期基本一致。高新区的 FDI 溢出、专利申请授权数和 R&D 投入对区域经济增长都存在正的影响关系。

FDI 溢出反映了外商直接投资的集聚效应对区域经济增长的影响。FDI 溢出是用集聚区内与非集聚区之间人均 FDI 投资差距来衡量的，在数据收集的过程中明显发现，各省（市、区）一半以上的 FDI 基本上都集中在高新技术开发区。并且，跨国公司在中国的直接投资首先会选择设施环境好和政策优惠的高新区，因而，各地区的 FDI 在高新区的集聚程度都非常高，这种集聚现象也为国内企业在技术引进、制度学习、信息传播和员工之间的交流沟通创造了条件。高新区引进的 FDI 基本上是技术含量较高的产业，也具备了技术溢出产生的可能性。虽然实证结果显示，高新区的 FDI 溢出对区域经济增长存在正的影响，但是贡献率较低，仅为 0.0019，影响不是很显著。

与 FDI 溢出相比，专利申请授权量和 R&D 投入对区域经济增长的贡献较大，分别为 0.054 和 0.149。专利申请授权量 P 从技术产出方面反映了自主创新对区域经济的增长，R&D 投入从技术产出方面反映了自主创新对区域经济的增长。虽然这两个变量从不同的角度反映了技术对经济增长的作用，但两者都强调了区域自主创新的重要性。另外，这两个变量的回归能够在一定程度上反映出技术集聚对经济增长的贡献，以及国家级高新技术产业开发区的集聚质量。通过对 53 个高新区 2005—2009 年人均工业产值增长率的分析，发现前 4 年的专利申请授权量和 R&D 投入对经济增长的贡献率与高新区人均工业总产值的增长率均值偏离较大（2009 年偏离不大，见表 6—7），说明高新区的经济增长主要是靠技术进步以外的其他要素投入拉动的，高新区的高新技术产业集聚程度不高。

表 6—7　　　　2005—2009 年 53 个高新区人均工业产值
增长率的变动情况

variable	obs	mean	Std. dev	min	max
r_1	53	.1228428	.1327424	.4927009	.079984
r_2	53	.3417333	.3638247	.1864093	1.378853
r_3	53	.1714613	.1772962	.3021421	.6605606
r_4	53	10.48697	1.534583	7.685022	14.363
r_5	53	.0921091	.1635124	.4571869	.1817263

注：r_1, r_2, r_3, r_4, r_5 分别是 2008—2012 年高新区人均工业产值增长率。

产业集聚的技术溢出是用区域内集聚区与非集聚区之间的技术差距来衡量的，技术差距是形成技术溢出的重要条件。高新区与高新区之外区域之间的技术差距反映了产业集聚的技术溢出对区域经济增长的贡献。从回归结果来看，产业集聚的技术溢出系数为 -0.0357，说明技术差距与区域经济增长之间呈反向关系。当技术差距增大时，区域经济增长率会减缓；当技术差距缩小时，区域经济的增长率会加快。总之，在同一个省（市、区）内高新区和高新区以外其他地区之间并不存在明显的技术溢出现象。这个实证结果和样本与实际情况基本相符。中国高新技术产业开发区的发展呈现出两方面的显著特征：一是高新区和与之相对应的高新区以外其他地区之间的技术差距较大，高新区以外其他地区作为技术追随者很难从作为技术前沿的高新区获得和吸收其技术外溢。这一点也可以从目前国家级高新技术产业开发区内集聚的产业与高新区以外产业之间的技术关联性方面得到证实，高新技术产业开发区集聚的大多是医药制造、航空航天器制造、电子通信设备制造等产业（如中关村、西安、鞍山等高新区），在技术方面具有较高的 R&D 倾向和技术保护的特点，因此，对高新区外的产业难以形成有效的技术溢出。二是高新技术产业开发区和与之相对应的高新区以外的其他地区之间的技术差距较小，或者高新技术产业开发区聚集的高新技术产业较少（像惠州、佛山、杨凌等高新区），相互之间也难以产生明显的技术溢出。总之，无论是以上分析的哪种情况，高新区产业集聚的事实和实证研究基本上都表明，技术差距与经济增长率之间是反向关系，产业集聚的技术溢出效应对区域经济增长的影响作用不大。这一结论也表明了一个毋庸置疑的事实，那就是虽然在同一行政区域内，高新区与高新区之外的地区一直以分割的态势存在，高新区的发展对高新区以外地区的带动辐射作用不大。

通过以上对产业集聚，产业集聚的技术溢出效应现象、事实的描述性统计分析，以及产业集聚的溢出效应对区域经济增长的实证研究结果，本章可以得出以下结论：

1. 从产业集聚的现象来看，无论是高新区还是产业集群，表面上都成为拉动区域经济增长的主要力量。但是，在深入分析之后发现，其产业集聚效应也未得到充分释放，对集聚区以外周边地区产业的结构调整和升级带动作用不大。高新区在名义上是各地区高新技术产业的集聚地，但绝大多数仍是靠外力驱动的。由外力驱动所导致的产业在空间上的集聚，结果出现两种情况：一种是高新区内聚集的高新技术产业与高新区外的产业关联度不大，高新区与区外产业之间不能实现联动发展；另一种是高新区内聚集的高新技术产业不多，与高新区内和高新区外的产业在技术方面差距不大。与高新区不同的是，产业集群的发展在理论上强调内力驱动模式，集群内部产业之间的联系较为紧密。但当深入集群内部研究产业间的关联性、产业集聚的特点、企业的创新能力以及技术溢出等问题时，发现对绝大多数产业集群而言，事实并非如此。然而近几年来，区域经济的高增长也是不争的事实，这说明产业集聚对区域经济增长的贡献作用并不是很大。原因在于无论高新区的产业集聚还是产业集群的产业集聚，都过分强调对资源优势、地理因素和政策倾斜等外部因素的依赖程度，技术溢出、创新成本的降低等都明显成为产业在空间上集聚的动力。

2. 产业集聚、技术溢出以及产业集聚的技术溢出与区域经济增长之间存在理论上的循环因果关系。在一个区域内，由于技术溢出的存在，企业会因获取技术外部性以降低技术投入的成本而在空间上进行集聚。而产业集聚又会带来更大的技术外部性，以促进企业技术效率的提升，从而带来经济的增长。区域经济增长之后所面临的技术需求和投入会发生变化，进一步的投资和开发新的技术又会造成更大的技术扩散，再次引发产业集聚。但是，以高新区为例，从 R&D 投入和工业产值的集中度方面研究产业集聚问题，结果也证实了中国高新区的集聚程度普遍不高，产业集聚对区域经济的贡献程度较低。

3. 产业集聚的技术溢出对区域经济增长的实证研究结果也再次证明，中国产业集聚的技术溢出效应并不显著。根据费格伯格（Fagerberg, 1994）的技术差距理论，以高新技术开发区为研究样本，假设高新区外的技术追随者可以通过模仿和学习高新区内的前沿技术，获得技术溢出而提高自身的技术效率，从而使整个区域内的技术效率获得提升，带动经济增长，但实证结果却表明，技术溢出对区域经济增长的贡献并不显著。相比之下，专利申请授权数和 R&D 投入对区域经济增长的贡献较大，这也进一步证明了中国区域经济增长主要是依靠整个区域范围内要素投入的外生驱动的，产业集聚的技术溢出效应所带来的内生驱动不大。① 经济增长与技术溢出的反向变化关系表明，高新区与区外

---

① 在对模型（6.5）进行估计时，技术溢出的衡量指标用高新区内和高新区外的技术差距来代替，可以很好地反映集聚的技术溢出效应。而专利申请授权数与 R&D 投入则选取全省（市、区）数据，在此不反映集聚的效应。

产业之间没有形成联动发展、共同增长的格局。因为整个区域内的经济增长主要依靠要素投入驱动,技术差距的拉大会对高新区外的产业投入产生挤出效应,因而抑制了其增长。技术溢出不仅对经济增长的贡献系数不大,而且二者之间还呈现出反方向变动关系,这些都表明中国高新区的集聚质量不高,产业集聚的技术溢出对区域经济增长的拉动作用不大,区域经济增长仍然主要是依靠要素投入驱动的。

附表6—1　　53个国家级高新技术产业开发区工业产值集中度（2007—2009）

地区	2007	2008	2009	地区	2007	2008	2009
北京	4.2	39.4	36.9	威海	0.1	1.3	0.9
天津	0.9	13.1	7.5	郑州	0.3	0.3	2.1
石家庄	0.3	3.8	2.2	洛阳	0.2	0.1	1.7
保定	0.2	2.2	1.4	武汉	1.2	16.4	8.5
太原	1	11.2	7.4	襄樊	0.4	5.4	3
包头	1	13.5	6.4	长沙	1.1	13.1	7.7
沈阳	0.5	5.8	3.6	株洲	0.4	5.1	2.9
大连	0.5	6.3	3.8	广州	0.2	2.5	1.9
鞍山	0.2	3	1.5	深圳	0.3	4.1	2.9
长春	2.2	24.8	16.8	珠海	0.1	1.9	1.6
吉林	1.2	12.2	8.2	惠州	0.1	1.1	1
哈尔滨	0.9	17.1	8.7	中山	0.2	1.4	1
大庆	0.7	10.3	6.7	佛山	0.1	2.1	0.9
上海	1.3	12.5	10.6	南宁	0.7	8.1	4.4
南京	0.4	4.4	2.9	桂林	0.7	7.4	4.6
常州	0.1	1.9	1.2	海南	2.6	15.9	17.7
无锡	0.3	4.4	3.1	成都	1.1	14.9	8
苏州	0.4	3.5	2.4	重庆	1.2	15.1	8.8
杭州	0.3	2.8	2.8	绵阳	0.3	4.3	2.9
合肥	9	8.7	7.5	贵阳	0.8	10.5	6.4
福州	0.2	3	2.1	昆明	1.1	11.2	7.9
厦门	0.7	7.3	5.4	西安	2.2	27.5	17.6
南昌	0.8	9	5.9	宝鸡	0.6	10.6	5.6
济南	0.2	1.6	1	杨凌	0.1	0.8	0.6
青岛	0.2	1.4	0.9	兰州	0.7	11.6	6.2
淄博	0.2	1.9	1.2	乌鲁木齐	0.2	3.9	1.8
潍坊	0.2	1.7	1.6				

附表6—2 28个省（市、区）高新区产业集聚程度（2007—2009）

地 区	2007	2008	2009
北 京	4.2	39.4	36.9
天 津	0.9	13.1	7.5
河 北	0.5	6	3.6
山 西	1	11.2	7.4
内蒙古	1	13.5	6.4
辽 宁	1.2	15.4	8.39
吉 林	3.4	37	25
黑龙江	1.6	27.4	15.4
上 海	1.3	12.5	10.6
江 苏	1.2	14.2	9.6
浙 江	0.3	2.8	2.8
安 徽	9	8.7	7.5
福 建	0.9	10.3	7.5
江 西	0.8	9	5.9
山 东	0.9	7.9	5.6
河 南	0.5	0.4	3.8
湖 北	1.6	21.8	11.5
湖 南	1.5	18.2	10.6
广 东	1	13.1	9.3
广 西	1.4	15.4	9
海 南	2.6	15.9	17.7
重 庆	1.2	15.1	8.8
四 川	1.4	19.2	10.9
贵 州	0.8	10.5	6.4
云 南	1.1	11.2	7.9
陕 西	2.9	38.9	23.8
甘 肃	0.7	11.6	6.2
新 疆	0.2	3.9	1.8

附表 6—3　高新区 R&D 投入增长对高新技术产业投入增长以及与经济增长的占比情况（2009）

高新区	R^1	R^2	R^3	R^4	R^5	R^6
北京	0.356088	0.35621	0.030939	0.030949	0.086885	0.999658
天津	0.139815	0.268889	0.006698	0.012881	0.047905	0.519974
石家庄	0.086849	0.190952	0.000983	0.002161	0.011317	0.454822
保定	0.059765	0.190952	0.000676	0.002161	0.011317	0.312983
太原	0.097991	0.207535	0.002602	0.00551	0.026549	0.472168
包头	0.038601	0.01203	0.001665	0.000519	0.043126	3.208774
沈阳	0.103999	0.035023	0.002586	0.000871	0.024866	2.96943
大连	0.065527	0.035023	0.001629	0.000871	0.024866	1.870958
鞍山	0.029351	0.035023	0.00073	0.000871	0.024866	0.838036
长春	0.238254	0.215569	0.004023	0.00364	0.016885	1.105231
吉林	0.22319	0.215569	0.003769	0.00364	0.016885	1.035354
哈尔滨	0.204433	0.185125	0.003276	0.002967	0.016024	1.104298
大庆	0.10941	0.185125	0.001753	0.002967	0.016024	0.591007
上海	0.182464	0.362987	0.00773	0.015377	0.042362	0.502673
南京	0.028968	0.263608	0.001075	0.009783	0.037112	0.109889
常州	0.022867	0.263608	0.000849	0.009783	0.037112	0.086745
无锡	0.033712	0.263608	0.001251	0.009783	0.037112	0.127887
苏州	0.033426	0.263608	0.001241	0.009783	0.037112	0.126803
杭州	0.079089	0.227034	0.002261	0.006491	0.028589	0.348359
宁波	0.028417	0.227034	0.000812	0.006491	0.028589	0.125166
合肥	0.140146	0.404892	0.001579	0.004562	0.011266	0.346133
福州	0.022351	0.121574	0.000433	0.002353	0.019358	0.183847
厦门	0.012764	0.121574	0.000247	0.002353	0.019358	0.104993
南昌	0.134956	0.110378	0.002098	0.001716	0.015547	1.222676
济南	0.031624	0.136179	0.000753	0.003242	0.02381	0.232225
青岛	0.026929	0.136179	0.000641	0.003242	0.02381	0.197746
淄博	0.028827	0.136179	0.000686	0.003242	0.02381	0.211681
潍坊	0.023284	0.136179	0.000554	0.003242	0.02381	0.170977
威海	0.02417	0.136179	0.000576	0.003242	0.02381	0.177485
郑州	0.137859	0.21165	0.001841	0.002826	0.013352	0.651353

续表

高新区	R^1	R^2	R^3	R^4	R^5	R^6
洛阳	0.066762	0.21165	0.000891	0.002826	0.013352	0.315436
武汉	0.196535	0.07255	0.004916	0.001815	0.025013	2.708975
襄樊	0.057573	0.07255	0.00144	0.001815	0.025013	0.793566
长沙	0.135359	0.18744	0.002506	0.003471	0.018516	0.722143
株洲	0.051187	0.18744	0.000948	0.003471	0.018516	0.273083
广州	0.101802	0.246637	0.002392	0.005795	0.023494	0.412761
深圳	0.117516	0.246637	0.002761	0.005795	0.023494	0.476472
珠海	0.007037	0.246637	0.000165	0.005795	0.023494	0.028531
惠州	0.018703	0.246637	0.000439	0.005795	0.023494	0.075832
中山	0.021351	0.246637	0.000502	0.005795	0.023494	0.086567
佛山	0.029479	0.246637	0.000693	0.005795	0.023494	0.119523
南宁	0.027601	0.073321	0.000312	0.000828	0.011287	0.376439
桂林	0.095846	0.073321	0.001082	0.000828	0.011287	1.30722
海南	0.06484	0.127795	0.00061	0.001202	0.009407	0.507373
成都	0.221808	0.090036	0.005692	0.002311	0.025663	2.463555
重庆	0.107955	0.347085	0.002891	0.009295	0.026779	0.311034
绵阳	0.056681	0.090036	0.001455	0.002311	0.025663	0.629534
贵阳	0.049679	0.111504	0.0007	0.00157	0.014082	0.445537
昆明	0.09015	0.21065	0.001242	0.002901	0.013773	0.427962
西安	0.220495	0.127434	0.008491	0.004907	0.038507	1.730276
宝鸡	0.074301	0.127434	0.002861	0.004907	0.038507	0.583056
杨凌	0.000022	0.127434	$8.47E-07$	0.004907	0.038507	0.000173
兰州	0.030822	0.010335	0.000607	0.000204	0.019695	2.982243
乌鲁木齐	0.029001	0.027458	0.000338	0.00032	0.011665	1.056189

注：R^1 为高新区 R&D 投入增长占全省（市、区）R&D 投入的增长比。

R^2 为高新技术产业 R&D 投入增长占全省（市、区）R&D 投入的增长比。

R^3 为高新区 R&D 投入增长占全省（市、区）GDP 的增长比。

R^4 为高新技术产业 R&D 投入增长占全省（市、区）GDP 的增长比。

R^5 为全省 R&D 投入增长占全省（市、区）GDP 的增长比。

R^6 为高新区 R&D 投入增长占高新技术产业 R&D 投入的增长比。

第 7 章

城市精明增长与产业集聚的
技术溢出规制

本书第四、五、六章分别从企业层面、产业层面和区域层面研究了中国产业集聚的技术溢出现象和效应,发现技术溢出作用在产业集聚区内并未得到很好的发挥,对区域经济增长的贡献与其他要素相比也不显著。根据这些研究结果反观中国不同区域内的产业集聚,无论高新技术开发区还是产业集群,集聚区内的产业在技术方面都存在一些普遍特征即低端化、模仿化、同质化、个体化等,在技术创新方面存在"集体创新动力缺失"的困境(张杰、张少军、刘志彪,2007)。产业虽然在空间上实现了集聚分布,但是分工协作和联合技术开发的创新模式尚未建立起来,市场追随、产品复制、技术模仿和独立开发仍是集聚区内企业的常规性技术行为。这种技术行为不仅抑制了产业集聚的技术溢出效应,也影响了产业集聚的技术溢出对区域经济增长的贡献效应以及产业结构的调整与升级。这些事实都说明,产业集聚的困境重重,亟须寻找一条走出困境的道路。

要找到走出困境的道路,还需要对中国产业集聚的现象有充分的了解和认识。产业集聚从地理范围上,可以分为大地理范围产业集聚和小地理范围产业集聚。大地理范围产业集聚的理论基础是新经济地理学,强调货币的外部性(Fujita & Thisse, 2002);小地理范围产业集聚的理论基础是城市经济学,强调技术的外部性(Fujita & Thisse, 2002)。亨德森(Henderson, 1997、1998)把外部性分为两个层面:一是行业内的外部性(intra-industry externalities),也叫 MAR 外部性,这种外部性表现为行业层面的外部性，这种外部性会导致产业集聚；二是行业间的外部性（inter-industry externality），也叫雅各布（Jacobs）外部性，这种外部性是指不同行业的企业位于同一区位所产生的外部性，强调行业外部性会导致产业集聚。事实上，行业内的外部性导致了同一产业内企业的集聚，这种外部性来自于行业规模的扩大；行业间的外部性导致了不同产业的企业集聚，这种外部性来自于行业间的差异性（differentiation）和互补性（complementarities）。无论是货币外部性还是技术外部性，无论是行业内外部性还是行业间外部性，无论是相同产业的集聚还是不同产业的集聚，都离不开城市规模的扩大。城市规模是积极外部性和消极外部性均衡的结果。这种积极外部性其实就是集聚经济（agglomeratial economies）。从城市经济学的角度看，产业集聚及其所导致的集聚经济是城市规模扩大的主要原因，而外部性正是产业集聚的驱动力。因此，在理论上就存在这样一个逻辑：外部经济驱使产业集聚，产业集聚带来城市规模的扩张。

克鲁格曼非常强调历史的偶然（small accidents of early history）对经济地理形态的影响，用"历史的偶然"观点来解释产业集聚形成也变得越来越流行。一旦"历史的偶然"引发了产业在某一区域的集中，这种集中就会进入一个循环累积阶段，历史的偶然和循环累积作用使得产业集聚锁定在某一区域，但是并不意味着该区域的产业集聚会永久维持下去。新经济地理学提出了预期和自我实现机制（self-fulfilling prophecy）概念，例如，集聚地区的雇员预期他在其他地方的生活环境会更好，竞争压力会更小，并且其他雇员也有这种预期时，产业集聚的地点就会发生转移，在新的地方再重新集聚，城市也可能会随之扩张。中国大多数地区都是依靠规划和建设工业园区这样的"历史的偶然"来驱动产业集聚的，这样的集聚方式促使城市规模不断扩大，也在一定程度上诱发了城市的蔓延式发展。

本书着重从城市经济学意义上研究产业集聚问题，因此尝试在城市精明增长的理念和框架下，对当下中国城市发展模式和产业集聚问题进行剖析，从注重技术外部性的角度制定产业规制政策，也许可以为产业集聚开辟一条新路。

第1节 城市精明增长与产业集聚

研究数据显示，历史上，人口城市化的比率由20%上升到40%，英国经历了120年，法国经历了100年，德国经历了80年，美国经历了40年，苏联经历了30年，日本经历了30年，中国用了22年。中国这样快速的人口城市化，基本上是通过"圈地"实现的，各地都在大规模地发展新城区、开发区、工业园区，这种外延式的城市化所加剧的产业集聚，实质上只是促使产业或者企业"扎堆"在一起。城市快速扩张和产业迅速集聚并没有带来城市经济的倍数增长，也没有相应的城市人口的同比增长，以及创新能力与创新效益的提升。数据表明，城市建城区单位土地面积所创造的GDP并未因城市的扩张而同比增长，除了广东一些城市之外，像上海、南京、苏州、无锡、北京、常州的建城区单位产值分别排在第27、72、81、90、101和112位。这种低经济效益的城市化现象反映了城市扩张存在着"非经济用地"的过度增加。中国东部、中部、西部地区的城市化扩张，绝大多数都是以政府低价征收农民土地，高价卖给开发商，或开发成工业园，工业园区再通过廉价劳动力、便宜的土地供给、宽松的税收政策及低环境保护成本等因素形成竞争优势以吸引大多数产业集聚在此。报告显示，1990—2000年，约53.4%的城市扩张面积来自耕地；2000—2010年，这个比例达到68.7%。可见，中国粗放的城市化扩张方式，表面上看似乎促进了产业集聚，但实质上并没有提高城市的生产率和产业的创新能力。产业集聚还是依靠低成本来获得竞争优势的，但是依靠消耗廉价要素和环境因素谋求经济发展并不是长远策略。

江曼琦（2006）的研究表明，中国许多城市问题源于城市发展过程中的过度集聚和集聚密度不够，前者造成交通拥挤等问题，后者引起城市蔓延问题，这种没有注重合理集聚的结果致使正的货币外部性没有得到很好体现。西方国家目前倡导的城市精明增长（Smart Growth）思想实际上是追求城市合理的集聚密度。杜瑜和樊杰（2008）将产业集聚所导致的都市区空间功能市场失灵的原因归结为三个方面：资源的公共物品属性导致产业集散的低效与无序；环境的公共物品属性导致产业过度集聚，从而过度接纳污染排放，造成环境恶化；一些公益性基础公共服务业由于自身具有规模报酬递增特性而容易导致空间集聚，造成基础公共服务业空间非均等化，容易产生发展机会的不平等。

要克服这种集聚不经济，促进集聚区内产业的升级，提升技术创新能力和创新收益，还须从根本上改变中国的城市发展方式，走出这种城市化的"误区"，在"精明增长"的城市发展理念下重新思考产业集聚的模式与路径。

一　城市精明增长的理念

精明增长是美国针对城市蔓延式发展过程中所出现的一系列问题而提出的城市规划和发展概念。1988年，洛杉矶市议会候选人赖安·斯奈德（Ryan Snyder）最早提出这个概念。阿里戈尼（Arigoni，2001）认为，精明增长是政策和实践的紧密结合，它比传统的发展方式能够提供更好的居住和交通条件，带来更好的经济发展，可以更好地保护环境。根据"美国精明增长"（Smart Growth America）的定义，精明增长是具有完备计划的，能够保护开放空间和耕地，恢复城市社区活力，保持住房价格合理，并能提供多样化交通选择的发展模式。尼尔森（Nelson，2001）把"精明增长"定义为实现5个目标的一系列政策措施，这5个目标是：做好公共产品的维护和保护；最小化土地利用中的不利影响，最大化积极方面；最小化公共财政成本；最大化社会公平，在尽可能的范围内最大化居民生活质量。综合这些研究，精明增长是强调对已开发城市空间的利用，反对空间无序向外蔓延，提倡一种集约的空间增长模式。同时，这种集约不是绝对的集中，而是有机集中，它是以资源的优化配置、人文理念的充分体现、环境要素的合理保护、社会利益的公平分配为前提的，最终的城镇空间应该是一种紧凑的形态。

与精明增长相悖的蔓延式城市发展方式的缺陷在于：无限制地和跳跃式地向外进行新的低密度土地开发；大规模地改变城市保留公共空间和环境敏感土地的用途；对住房类型和邻近区域的配套设施缺乏选择；空间的扩大，加大了汽车的使用，带来交通的拥挤问题和空气污染问题；相比原有的基础设施，扩张过程中新增的道路、排给水系统等需要更多的花费；缺少对原有社区的再开发；土地使用职能的分离，加大了对交通的需求。这些缺陷是城市蔓延式发展过程中不可避免的问题，蔓延式的城市发展模式是不可持续的。

　　源于蔓延式城市发展的缺陷，精明增长的概念被提出。2000年，美国规划协会联合60家公共团体组成了"美国精明增长联盟"（Smart Growth America），确定精明增长的核心内容是：用足城市存量空间，减少盲目扩张；加强对现有社区的重建，重新开发废弃、污染工业用地，以节约基础设施和公共服务成本；城市建设相对集中，空间紧凑，混合用地功能，鼓励乘坐公共交通工具和步行，保护开放空间和创造舒适的环境，通过鼓励、限制和保护措施，实现经济、环境和社会的协调。并提出精明增长需要遵循的基本原则：（1）限制对外新的开发扩张，以使开发更紧凑和保护开放空间，通过制定城市边界或者划分功能区来解决问题；（2）在新开发区域和现有的邻近区域提高住宅密度；（3）提高土地混合利用的程度和步行道路的友好布局，使得在短距离路程上尽可能减少汽车的使用；（4）把新开发的成本分摊到使用者身上而不是原来的由社区居民一起承担；（5）重视公共交通，减少私人交通工具的使用；（6）重新改造已有的邻近区域，使之焕发生机；（7）建造更多居民可以负担的住宅；（8）减少开发者正当开发时的障碍；（9）对于规划的街道美观性和街道的合理布局与设计，要采用更多样的标准。目前中国城市发展的理念与精明增长的这些基本原则相去甚远，扩大城市规模，拉大城市框架，大兴开发区和工业园区等做法只是城市规模的简单扩大，产业在空间上的集中而已，规模经济和与之相应的社会福利及个人福利并未得到显著的增进。

二　城市精明增长的框架

　　藤田和亨德森（Fujita & Henderson，2003）研究发现，中国城市化滞后，城市分工不充分，城市集聚程度不够，空间基尼系数偏低，2000年，中国空间基尼系数仅为0.43，低于世界平均水平的0.564。目前，中国城市人口接近7亿，到2030年，大约10亿人将居住在城市。根据麦肯锡的预测，届时中国将出现221座100万以上人口的城市（而目前欧洲只有35座类似规模的城市），其中有23座500万以上人口的城市。这些数字背后有更多的现实问题需要面对和破解，如城市规模扩大的同时，如何更有效地利用资源和降低对环境的损害？如何解决就业、住房、交通和社会保障的匹配？如何应对二、三产业的大量激增和集聚发展，以及与之相应的城市生产率的提升？

产业集聚、人口集中和城市规模扩大是当下中国快速发展所呈现的事实和现状，并且这些现象在未来很长一段时间里仍会持续。为了防止城市陷入恶性增长状态，政府需要引入精明增长这样的新城市发展理念，制定政府管理城市的新原则和新目标。

精明增长是一项涵盖了多个层面的城市发展综合策略，这里主要介绍一些城市精明增长的模式和实现措施，仅供中国在制定城市管理政策和政府在规制产业集聚方面加以借鉴和参考。在精明增长模式方面，有三个重要模式值得一提："城市增长边界"，"TOD"发展模式；城市内部废弃地的再利用。在精明增长的实现措施方面，也主要介绍三种方式。

1. "城市增长边界"

在美国控制城市蔓延的各种对策中，城市界限的研究被置于核心位置，美国人将"城市增长边界"视为一个严格控制蔓延并引导合理增长的规划途径。"城市增长边界"对于蔓延的控制是通过划定允许城市发展的边界，划出若干"拟发展区"供开发公司发展，各个新开发区之间用永久性的绿带隔离，并以公共交通将它们连接在一起，然后根据需要选择不同的开发密度，并赋予边界一定的灵活性，在必要时允许调整。同时，将城市周边的生态基础设施当作开放空间来看待，既为城市未来的潜在发展提供了合理的疏导，又起到了保护土地的作用，这是实现"精明增长"的基础。

美国的相关经验表明，设置"城市增长边界"不仅是为了限制城市的发展，而且保护了重要的自然环境和资源。区域的生态格局常常是决定边界形态的最重要因素，因而它在形态上并无定法，在此基础上进一步为城市的未来发展制定切实可行的规划，这是保护自然环境和引导城市合理生长的综合途径和兼容方式。中国正处于城市化加速期，还会出现新的城市增加与扩张，而制定具体可操作的空间战略对于控制城市的无序蔓延，维护区域生态安全十分关键。

国内已开始注意建立诸如城市扩张的环境约束机制和外部刚性约束

机制，划定城市发展的边界和非建设区域，虽然只是采取了一些常识性的做法，在设置有效的城市增长边界方面的作用还比较薄弱，但是毕竟迈开了探索合适的城市发展和管理制衡机制的步伐，通过政策的引导、法律的规制和市场的调节，产业集聚和城市规模之间可以协调一致。

2. "TOD" 发展模式

"TOD" 发展模式是精明增长的重要组成部分。"TOD" 发展模式是一种以公交为导向的集约式土地开发模式，是变单一功能的土地使用方法为较有弹性的、功能复合的、可持续发展的理想模式。它强调土地的综合利用，将居住、零售、办公和公共空间组织在一个以轨道交通等快速公共交通站点为核心的社区步行环境中，社区的中心部位设有公交车站和商业设施，鼓励居民使用公交系统到达其他社区或城市中心，各社区之间保留了大量的绿化开放空间，城市空间趋于适当集中、紧凑发展。总而言之，"TOD" 特有的功能和服务的多样性，满足了不同人群的需要，关键是降低了城市内部的运输成本，这也是产业集聚应该重视的方面。[①]

3. 废弃地的再利用

废弃地主要指现有城区内闲置、遗弃或未被完全利用的土地或者区域。精明增长的"精明"是指除了旨在用最少的成本获得最大收益的城市土地开发外，还指对原有废弃地的重新开发和再利用，它是精明增长内涵的一个新的拓展和延伸，具有很大的挖掘潜力。正如米歇尔·格林伯格（Michael Greenberg）所说：废弃地的再利用是"精明增长"政策中最精明的。废弃地的再利用主要是在政策和经济上对废弃地在开发上给予一定的优惠政策以吸引投资商进行开发，从而达到深层次挖掘城市土地潜力的目的，真正做到"精明增长"。

城市的发展离不开土地这一重要载体，城市整体区域增长的"精明"最终要落实在城市内部及城市边缘区土地的利用上。美国人从城市规划的角度提出三种重要措施以实现精明增长。

---

① 克鲁格曼等人认为，运输成本只存在于区域之间。因此，对城市内部的运输成本长期缺乏应有的考虑。在中国，外延式的城市扩张模式，使得城市内部运输成本显著增加，城市内部公共设施及服务不均等现象严重。

1. 划定城市增长区

城市增长区是指总体规划中划定的容纳城市增长的区域，由对城市增长边界或城市服务边界的划定而形成，所有的增长都界定在界限以内；界限之外只能用于发展农业、林业和其他非城市功能用途。城市增长区是一种控制建设用地总量的方法。在规划中，根据规划期限预测的土地需求以及设定的最小土地利用强度确定建设用地需求总量，并以现有的建设用地为基础将需求量进行空间定位，划定城市增长区，并根据不同的情况对边界进行调整。这有两种调整方式：一种是只考虑时间驱动系统的作用（Time-driven system），按规划预先确定的时间间隔调整城市边界，不考虑边界内可供开发的土地数量和城市增长率；另一种是只考虑事件驱动系统的作用（Event-driven system），即只要边界内可供开发土地总量达到规划中预先设定的阈值就调整边界，不考虑时间间隔的长短。

2. 断面规划

面对传统的区划条例（zoning ordinances）和细分规则（subdivision regulations）所导致的分散的土地利用格局，安德雷斯等人（Andrés et al.）提出了断面规划法（Transect Planning）。与排他性分区不同，断面规划先将城市向农村过渡的连续统一体作为规划区，再根据城镇化率、生态景观等要素划分生态带，然后在不同的生态带内配置不同的土地利用结构，使得整个规划区的用地格局达到人与自然的协调发展。在编制规划时，先确定每个生态带的主体景观特征，再依据土地利用的空间配置，"校正"各个生态带内的异质景观，即调整土地利用类型混杂分布的用地格局，消除"城中村"和"空心村"现象。断面规划的实质是从景观生态的角度阻止城市对农村的肆意侵占，控制低密度城市的蔓延式发展模式，保护城市边缘区的农地和生态用地。

3. 填充式开发和再开发

精明增长的另一个亮点是填充式开发和再开发，主要是提高土地利用的强度。填充式开发是指对市区内公用设施配套齐全的空闲地的有效利用，再开发是对现有土地利用结构的挖潜和优化，是对已利用土地的进一步开发。其目的是改变城市蔓延所造成的低密度用地格局，以合理的规划为先导；开发出的土地不仅可以用于建设用地，也可用于绿地、开放空间等有利于改善人们生活质量的方面，加强闲置地、废弃地的集约利用。

三　城市精明增长路径上的产业集聚

为改变城市蔓延不可持续的发展模式，城市精明增长主张主要体现在两个方面：一是强调增长的效益，有效的增长应该服从于市场经济规律、自然生态条件以及人们的生活习惯，城市的发展不但能繁荣经济，还能保护环境和提高人们的生活质量；二是按其优先考虑的顺序，容纳城市增长的途径依次为：现有城区的再利用——基础设施完善、生态环境许可的区域内熟地开发——生态环境许可的其他区域内的生地开发。政府在城市管理方面应按照精明增长的路径，合理选择法律、经济、行政等政策工具规制产业集聚，这样可以有效地提升产业集聚的效率。

19 世纪 20 世纪初期，产业集聚相关理论都倾向于市场自发的集聚形成机制，认为聚集是企业追求外部规模经济或者进行投资区位选择的结果。20 世纪，由佩鲁（Perroux）提出的增长极理论、以克鲁格曼（Krugman）为代表的空间经济学理论和以波特（Porter）为代表的新竞争经济学理论等积极倡导政府对产业集聚的干预。佩鲁（1955）认为，"增长极"的支配作用主要表现在四个方面：一是技术的创新和扩散；二是资本的集中与输出；三是产生规模经济效益；四是形成"凝聚经济效果"。建立"增长极"必须具备以下条件：一是必须存在有创新能力的企业和企业家群体；二是必须具有规模经济效益；三是需要适当的周围环境，如一定的资金、技术、人力、机器设备等硬件环境和熟练的劳动力、良好的投资政策等软环境。建立"增长极"有两个途径：一是由市场机制自发调节而自动产生"增长极"；二是由政府通过计划经济和重点投资主动建成"增长极"。空间经济学的学者一般都认为，经济活动的空间分布大部分是政策干预的结果，强调各项政策在产业集聚中的作用，为地区、城市的集聚经济发展提供了理论支撑和政策指导。波特提出了"钻石模型"，用以分析产业集群形成与发展的各项因素，开创了竞争力理论和模式的研究。后来，很多发达国家都把产业集群当作一种促进技术创新和提升区域竞争力的政策工具，纷纷加强对产业集群战略和公共政策问题的研究，扩大了各项促进产业集聚有关政策的研究范围和内容，强化了政府对于产业集聚发展的作用和职能。在产业集聚过程中，政府的角色以及政策行为的作用和影响备受研究者的关注。政府介入产业集聚发展过程是有必要的，政府对产业集聚的形成和发展具有一定的推动作用，虽然对通过什么样的形式、方式，采取何种政策，介入的程度等都没有统一标准，但是，政府应该把培育一个有利于集聚区内企业和行业发挥活力的市场机制作为政策的统一目标，通过引导和规制产业集聚来提升城市生产力和持续发展的能力。

政府在引导产业精明增长的路径上实现集聚，应注意这样几个方面。

（一）交易费用

产业集聚效率的高低，交易费用可以作为主要的评判标准。任何市场活动都不可能在交易费用为零的状态下发生，但是有效降低交易费用是提升效率的关键。产业集聚过程中的交易费用最显著和显性的当属运输成本，不得不承认，货币外部性是促进产业集聚的一项很重要的因素，分享公共基础设施，共同的劳动力市场和降低交通运输成本都是促使产业集聚的最基本的理由。经济的发展并没有给每个地方带来繁荣，市场只青睐某些地区，全球生产主要集中在大城市、发达省份和富裕国家。这种生产的集中导致了不平衡发展，带来了贫富差异，即使生产活动再分散也不会使得所有地方都实现繁荣，经济发展需要很多经济、政治、政策条件的配合。促进城市经济集聚发展的首要目标是降低交易费用，具体来说，不只是简单地提高密度，而是在缩短距离的基础上实现基础设施的共享和有效降低运输成本，减少地区分隔。虽然集聚发展不可避免地产生了一个又一个经济增长极，但是降低集聚区内各主体之间的交易成本，集聚区内与集聚区外的交易成本很关键，这需要通过政府的干预来实现包容性的发展。

（二）城市规模与分工

无论产业内集聚还是产业间集聚都应依据城市类型和规模而定。对于规模较小或者中等规模的城市而言，应该充分利用 MAR 外部性，以对地方的发展、专业化的生产起到重要的作用，并加强专业化集聚，比如建设一个汽车厂，可以利用规模经济降低生产成本（李善同，2011）。对于规模较大的城市而言，应该发展城市化经济，因为大城市更能够聚合人才、信息，应充分利用雅各布外部性，发展多元化集聚经济。引导产业集聚的发展，应该根据城市的规模大小制定产业政策，强化不同规模城市之间的分工和合作。

（三）经济集中与平衡增长

发展经济学家纳克斯从"贫困恶性循环论"出发，提出在不发达经济中推动平衡增长战略这一构想。要打破恶性循环，关键在于突破资本形成不足的约束，影响资本形成的主要因素是决定投资预期内的市场有效需求不足。根据萨伊定律，只要平衡增加生产，在广大范围的各工业部门同时投资，就会使市场全面扩大，从而提高需求弹性，通过供给（投资）创造需求，从恶性循环中摆脱出来。在现实中，经济集中会导致不平衡的经济增长，拉大地区差距，影响社会和谐发展。那么经济集聚发展和平衡增长之间的矛盾是否可以化解？如何化解？发达地区经济集聚发展的经验表明，随着收入的增加，经济密集区和非密集区的生活水平趋同，但趋同之前有一个分化过程，但是这种分化会呈现出收敛的趋势。这种收敛趋势首先发生在家庭基本消费领域；其次是基本公共服务领域出现趋同；最后是集聚区内和集聚区外的工资和收入出现趋同（李善同，2011）。例如，日本就是一个经济集中与生活水平趋同并行不悖的典型案例。日本的三大都市圈集中了全国 73.6% 的 GDP 总值和 68.7% 的人口，因此它的人均 GDP 仅为全国的 1.08 倍。除东京外，日本各地区的人均 GDP 最高与最低比值仅为 1.8。这种趋同并不是市场机制的"自然结果"，而是市场机制和政府干预共同作用的结果，特别是政府在地区间进行了大规模的财政转移支付。在财政转移支付之前，1989 年，日本最富地区与最穷地区的财政能力之比为 6.8:1；财政转移支付之后，这一比值降为 1.56:1。

（四）产业和城市融合

产业的发展应以城市为基础，城市应承载产业空间和发展产业经济。产业和城市的融合发展，应以产业为保障，驱动城市更新和完善服务配套，以实现产业、城市、人之间有活力、持续向上发展的模式。产城融合发展是在中国转型升级的背景下相对于产城分离而提出的一种发展思路。要求产业与城市功能融合、空间整合，"以产促城，以城兴产，产城融合"。因为城市若没有产业做支撑，即便再漂亮，也只是"空城"；产业若没有城市做依托，即便再高端，也只能"空转"。城市化与产业化要有对应的匹配度，不能分离发展。城市中建设的各种产业集聚区都是以若干特色主导产业为支撑的，产业集聚特征明显，产业和城市融合发展，产业结构合理，吸纳就业充分，形成以经济功能为主的功能区。在中国，随着产业集聚区建设的快速推进，产业集聚区作为产城融合主平台的作用日益凸显，各地都将产业集聚区作为拉大城市框架的着力点。在精明增长的路径上，产业集聚应该在政府引导下，定位好符合区域持续发展的产业、城市规划及城市功能配套，同新城区建设、老城区改造、中央商务区建设以及新型农村社区建设有机地结合起来，围绕产业集聚区规划建设学校、医院、商业服务等城市功能设施，实现产业集聚区与城区功能设施的对接协调发展。

产业结构调整和升级是区域经济增长在现阶段面临的主要问题，而产业结构的调整与升级应以产业集聚的调整与升级为着力点，提升产业集聚在技术方面的效率和水平，从技术溢出的角度扩大产业间的关联性和企业间的联系，增强产业集聚区的技术创新能力。但是，无论产业层面还是企业层面的创新活动都与技术要素投资的预期收益回报紧密相连。因此，创新的直接动力源于创新投入与收益回报之间的动态均衡。而这种动态均衡受技术溢出的社会收益与私人投入对比的影响，这在本书第四、五章已分别做了详细的分析。

规制是对政府干预市场的研究。本章对政府规制的研究主要集中在三个规范性问题方面：一是在产业集聚的过程中被规制的是什么？规制达到了什么样的政策目标？二是如何探索性地提出政府在解决外部性，促进产业集聚方面的技术溢出政策工具？三是如何制定恰当的产业政策，才能够实现规制目标？本章关于规制的研究力图对产业集聚过程中政府政策进行充分界定，以及对政府政策工具的选择加以考虑，在对产业集聚政策规制的福利含义进行解释的基础上制定促进集聚升级的有效产业政策。

第 2 节 产业集聚的政策规制

市场失灵常常被作为政府规制介入的必要条件。通过本书第四、五、六章的分析发现，在产业集聚的技术溢出过程中，有三方面的市场失灵应该被特别提出来，即沉没成本、外部性与内部性。① 尤其是在产业集聚过程中，技术领先者的技术投入沉没成本可能会影响技术溢出和企业的创新动力。针对不同的市场失灵表现，本节将对政府干预市场的潜在功能进行分析，希望从中找到政府在产业集聚过程中可能发挥作用的领域和规制适合的政策工具。政府对经济活动的参与和干预的方式越来越多样化，范围也越来越广，尤其是在劳动力市场和产品市场方面。本节研究的焦点是在产业集聚的技术溢出方面，并主要从理论上对之作出探讨，如产业集聚的规模经济和集聚区内技术投入的沉没成本等。这些问题的研究具有普遍性和广泛的意义。规制的理论基础和规制目标大都是在产业组织理论的基础上加以扩展的。产业组织所关注的是多种要素影响市场结构及企业行为的方式，尤其是企业间相互作用的结果最终会反映到市场的均衡产出、产品差异、R&D等方面，但是，在企业行为和市场结果的形成过程中，政府政策目标的影响作用不容忽视。

一　规制的政策目标

（一）市场失灵的矫正

一般研究都强调公共政策对不良产业行为的矫正作用，人们也普遍比较相信政策法规的颁布和执行将使政府有能力达到其所期望的调控目标。对产业集聚来说，通常认为政府在土地、税收以及基础设施方面的投资等可以有效促成产业的集聚，并在集聚的过程中获得规模经济所带来的福利效应。但是，通过对产业集聚过程和产业集聚区的研究发现，市场失灵的现象普遍存在，如技术投入和创新动力的缺失等。结合前文的分析，本节的研究需要建立一个分析市场失灵的框架，以对政府规制的制度性加以考察，并把目前政府对产业集聚规制的行为和政策工具选择放在经济学范畴中予以考察。

对产业集聚的市场失灵检验可以看作是政府对产业规制的方向和目标。在此情况下，对市场失灵的判断首先要确定市场失灵确实存在。在产业集聚过程中或产业集聚区内，市场均衡配置是否对帕累托最优配置

---

① 内部性在此是针对外部性而言的。Spulber（1999）把内部性定义为交易中未加考虑而被交易一方接受的成本或收益。

有所偏离，每个企业的收益增加都没有使其他企业收益受损。其次是以事实为依据，判断政府的规制是否减少了产业集聚过程中资源配置的不合理性。最后是产业规制政策的潜在收益是否超过了导致无效率配置的可能性。对市场失灵进行规制可根据市场失灵的表现形式进行分类，如对 R&D 投入或技术要素投入的规制，尤其是高新技术产业开发区内企业的 R&D 和技术要素投入，目的是要解决因技术投入可能产生的巨大沉没成本而导致产业集聚的技术投入不强和创新缺失的问题。对过高的学习或技术模仿能力，以及技术创新的"搭便车"现象进行规制，目的是解决产业集聚的负外部性问题。

对市场失灵的矫正重点强调的是对技术溢出效应的规制，目的是解决产业集聚的内部性问题。在产业集聚的过程中或集聚形成之后，企业间人力资本溢出、技术扩散所带来的溢出效应可能会导致集聚区内企业整体收益的提升。但是，一定区域内的产业集聚也可能会导致成本的增加、竞争的加剧以及环境的恶化。尤其是技术溢出的负"内部性"也可能会导致"技术锁定"以及创新动力缺乏等问题，使得集聚走向衰落或低端化。因此，对产业集聚的市场失灵矫正的重点不只是因外部性而造成的集聚区内资源配置无法达到帕累托最优的问题，更重要的是对技术层面"内部性"问题的解决。在此可以用正的和负的"内部性"来区分产业集聚的技术投入成本和收益。负的内部性就像产业集聚区内技术的模仿和产品复制对技术前沿的企业收益所带来的损害，正的内部性就像为提升企业效率而进行的技术要素的投入，如对员工的技术培训以及创新行为的激励等。从这些方面对市场失灵加以矫正的目的是使集聚区内企业之间通过良性互动来产生信息溢出，从中获得技术和知识，提高生产率和降低生产成本。

（二）合作博弈

合作博弈研究达成合作时如何分配合作所得到的收益，即收益分配问题，结果使博弈双方的利益都有所增加，或者至少使一方的利益增加，而另一方的利益不受损害，因而使整个社会的利益有所增加。合作博弈所采取的是一种合作的方式，通过合作博弈产生一种合作剩余，增进博弈双方的利益以及整个社会的利益。合作剩余在博弈各方之间的分配，取决于博弈各方力量的对比和技巧的运用，需要博弈各方讨价还价，达成共识。合作博弈能使我们更加深入地理解规制过程（政策工具）与规制结果（市场均衡）之间的关系。

产业集聚的规制涉及集聚区内企业之间的交流与谈判，其结果是包括市场规则、资源分配以及对集聚区内企业决策的制约。规制合作博弈的目的是使博弈双方获得帕累托最优的结果。这就意味着技术溢出方和技术溢出的吸收方之间达成了能体现各自利益的意见一致。当然，这样的结果所实现的帕累托最优并非是福利经济学意义上的。产业集聚的规制在政策工具的选取上，可能涉及经济效率和其他目标之间的权衡，也可能会带来规制结果的失效。另外，规制者的偏好可能会体现企业在规制市场上获得的利益。这些偏好能够用一个不包含企业经济收益的标准——社会福利函数来表示。但是，笔者认为，规制也不一定是一种理想的社会选择体制，它可能会受到更大的利益集团的影响（如对低成本模仿的追求，或对高新技术的强烈偏好），在此，引入规制者偏好，建立一个一般化的能够充分包容各种规制观点的分析框架。在特殊情况下，绝对倾向于低成本或高产能的政策会被理解为满足了规制的"公共利益"（这一点可以从中国现阶段众多的产业集群的发展中得到验证），而绝对偏好于高新技术的政策又被解释为"俘房理论"。事实上，这两者之间存在更广泛的偏好。

虽然规制者偏好对产业集聚的影响不可低估，但是，笔者更愿意强调的是规制者作为产业集聚过程中企业之间相互作用的谈判者和仲裁者作用。假定在集聚区内调停企业之间的冲突时，规制者遵循特殊的规则，为博弈双方提供一个公平环境，并构筑了一个一般性的规制原则，通过仔细辨别集聚区内企业的战略目标，以便于企业之间在技术投入方面产生冲突时能够作出裁决。潜在技术溢出会对社会福利产生正负两方面的影响：在正效应方面，比如处于技术前沿地位的企业，由于其员工或同区位上下游交易、横向合作等原因，其部分创新技术会被外部获取，这将会提升整个区位的技术水平和生产效率，最终促进区域经济的增长；在负效应方面，技术溢出会使技术追随者在模仿过程中降低生产成本，提高生产效率，尤其是节约创新投入，这可能会带来比处于技术前沿的企业更高的利润，因此，这种高技术溢出会损伤处于技术前沿企业的创新动力，最终导致集聚区内企业都采取低技术溢出策略。产业集聚的规制还应以增强社会福利为目标,鼓励企业在战略选择时采取合作博弈的行为。

(三)关联经济

企业成本函数所描述的生产技术,不仅可以为规制提供理由,而且可以提供规制的方法。在很多产业中,生产技术一般能够产生联合生产的收益。企业联合生产在技术方面存在着三个理由:一是通过产出的多样化节约成本;二是通过本身增长或横向兼并来扩大企业规模而节约成本;三是通过纵向联合使投入和产出结合起来而节约成本。本节的分析引入了"关联经济"的概念,以分析把生产各阶段联系起来和区域生产联系起来所取得的成本收益问题。

关联经济就是发现和谋求内外最佳关联并以最小成本获取更佳收益的经济。在产业集聚经济背景下的关联经济,需要从产业集聚的影响因素入手分析。产业在空间上的集聚具有三方面要素:第一是经济区位,它对增长要素起着重大影响;第二是增长要素,它能够提升甚至改变区位要素的功能及意义;第三是战略要素,它对全局会造成不可替代的影响,在特定条件下它对关键性区位及经济体起着关键性作用。区位要素、增长要素与战略要素相互影响,并且可以从要素转化为优势,这也体现了关联经济的效率,是全局性的考虑,在一定程度上是产业集聚的理由。相反,如果存在技术是"非关联"的,那么分散生产就是有效率的,但是,随着分工的发展,技术"非关联"的生产在现实中几乎不存在。

关联经济效率的发挥是政策规制的目标之一。区域空间结构、地域分工与联系、区域产业结构成长、区域资源整合等构成了区域经济活动的主体。但是,在这些主体中,关联经济具有更深层次的意义,比如,关联经济可以由公共投入产生,把上下游产业联系起来,其中,下游工序的资本能够增加上游的产出;纵向关联的生产模式对中间产品的内部转移定价提供了有用的限制。在区域分工与联系方面,关联经济主要体现为产业分工的空间格局,它不仅决定着区域生产的专门化、区域经济联系的性质和规模,同时也决定着区域经济整体结构的动态变化。这种分工与联系的存在,不仅可以促成区际间或区域内生产要素的流动,而且产业的地域分工形式对不同地区经济而言,也会产生不同的影响。比如，有的地区处于产业链的高端，有的则处于低端。因此，形成既能充分发挥各地区优势，又能使各地区获得大体相近的经济利益的新型地域分工与联系是产业集聚规制的应有之义。在促进区域经济增长的过程中，一个基本目标是在合理分工的条件下，最大限度地获取空间经济的整体优势，建立能充分体现区域优势的产业结构和产业网络。

二　规制政策工具

产业集聚理论有力地影响着地区政府制定产业发展战略的思路。近年来，中国产业集聚发展的现象越来越普遍，各级政府和企业都非常关注产业集聚发展的问题，很多地方政府开始制定产业集聚发展战略，用产业规制的方法将区域内的企业、政府和研究机构等主体联系起来，共同促进产业的集聚发展。但是，目前产业集聚促成的大多是基于低成本的低端产业集群和以大企业为核心的产业集群，而基于纵向一体化和规模经济的、以大企业为核心的产业集群和基于技术创新的创新性产业集群还比较缺乏。产业规制理论和实践证明，政府规制对地区产业的形成和发展起着至关重要的作用。政府规制在提高地区竞争优势中应起着催化和激发产业集群中企业创新的作用，激励地区经济发展，为产业集聚发展创造公平、公正、有序竞争的市场环境，以促进产业集群的成长和集群内企业的发展。

在以往产业集聚发展的过程中，政府广泛使用了各种政策工具，诸如限额、产出税、进入费、补贴和技术标准等，在实践中政府偏好于如何制定反垄断政策，制定竞争规则，促进市场竞争，以市场竞争提升生产力；鼓励企业实施风险投资政策，促进企业的创新；激励市场经济主体发展的金融政策和税收政策；保护知识产权政策；保护消费者利益政策；产品和服务标准、认证政策，等等。事实上，对产业集聚区和集聚区内的企业而言，这些政策工具往往刺激了低效率的产业活动，很难达到最优的社会福利效果，比如，集聚区内企业创新投入不足，集体创新意识缺乏等。

当然，在产业集聚过程中，这些政策工具往往表现出低效率，但这未必是政策工具选择的问题，更多的是在政策执行过程中政策工具背离了政策规制的目标。本节在研究产业集聚的技术溢出规制时，重点阐述补贴、进入限制和技术标准联盟三个政策工具。

(一) 补贴

除了补贴本身产生的成本以外，补贴对产业集聚的技术创新会产生什么效率呢？政府对产业集聚区内企业的补贴是处处可见的，目的是鼓励企业的发展和促进区域经济增长。但是，在竞争性产业集聚区内，补贴对企业的均衡产出会产生影响。在现阶段，对集聚区内企业采取税收优惠、土地租金优惠甚至直接的资金支援[①]等补贴方式最为常见，这种补贴政策可以降低企业的生产成本，在市场均衡条件下能刺激企业以低于私人最小有效规模经营，并且会刺激区外企业的进入。但是，这些现象的存在并不意味着补贴不是一个好的政策工具，而是需要对政策补贴的领域进行调整。以促进技术创新为目的，对产业集聚区的政策规制在补贴方面应该更偏向于技术创新投入或R&D投入。产业集聚区内技术创新的缺乏与政府R&D补贴的强度之间存在相关性，但是并不一定表现为正相关，只有当政策制定者拥有关于企业创新类型的真实信息时，R&D补贴的提高才能有效激励企业增加自主创新投入。相反，当两者之间存在信息不对称时，技术创新补贴或R&D补贴的提高将刺激企业加大模仿创新的强度。

分析发现，直接的技术创新补贴在促进集聚区企业的技术创新和产业结构升级方面并不一定表现为高效率。技术补贴应该采取比较间接的方式。比如，在推动传统产业集聚发展方面，应该通过制定产业的环境标准和产业技术标准等方式，提升环境标准的R&D活动、技术改进或设备引进以及检验检疫的补贴，激励企业提升产品品质和生产技术水平，实现一种"倒逼型"技术进步机制，诱致或迫使本国企业提升技术水平和产品质量，推动传统产业的升级。

另外，在有限研发资源的约束条件下，政府单方面的创新补贴会造成较强的技术模仿，可能会产生抑制经济增长的作用，而且对创新型人力资本培育效率较低的企业进行创新或模仿补贴，会拉大集聚区内均衡产出和收益差距。但是，如果能提高创新型人才培育效率和减少创新型

---

① 苏州工业园区在打造知识密集、技术密集、资金密集的新兴产业集群时，对IT产业、生物医药产业、节能产业和通信产业等在招商过程中给予了直接的资金支持。

人力资本积累中的私人投入，将会明显促进研发驱动型经济的增长。因此，对产业集聚区内企业进行间接补贴时，需要制定刺激研发需求的科技政策，优先考虑改善研发资源的供给，特别是在富有弹性的研发资源供给条件下提高集聚区内企业创新型技能培育的效率。政府在实施补贴时，应该有能力影响企业的决策环境。对产业集聚实行最优补贴政策，要求政府能够做一些单一企业无法完成的事情。补贴的目的不仅在于鼓励技术的创新和扩散，更在于有效避免由于"货币外部性"而带来的创新投入的无效率或有效率的投资不足。

（二）进入限制

制度环境、经济环境和政策环境支撑着产业集聚的成熟来创造马库森（Markusen，1996）所说的形态学的黏性，进而影响区域的成功。资源类型、资源质量、增进行业利益的网络以及制度的动态变化会影响产业集聚的可持续性和区域内产业结构的升级。但这些要素在产业集聚的过程中会产生扭曲的进入激励，一些企业以获取稀缺政策为目的，在集聚区内出现了一批依靠"壳"资源生存的企业。对这类依靠廉价劳动力和土地吸引产业集聚的政策必须受到限制。

目前，大多数产业集聚区都过度依赖土地经营和优惠措施，对产业发展缺乏有效调控；在"条块分割"的体制下，产业集群和工业园区出现了诸如用地浪费、产业缺乏特色、企业之间缺乏联系和分工、集聚区内专业化生产性服务业欠缺、无法形成有效的创新环境等问题。并且，在对集聚区的评价方面，重视招商引资数量、产值、出口总额等数量指标，轻视内在竞争力、发展可持续性、创新能力等质量指标，进一步助长了粗放发展的产业集聚模式。在集聚区内，企业呈孤立状态，劳动分工微弱，交易费用高，企业间缺乏诚信；中介服务机构缺乏；人才缺乏，各类教育和培训滞后；知识流动和积累速度慢，创新文化不足。

只有从实际出发，选择适当的企业集聚模式，集聚适应性技术的产业，形成同类企业或关联企业的相对集中，以便进行产业整合，提高集聚效益，才能促进产业集聚的升级。因此，这就需要对目前的产业集聚模式进行规制，在产业集聚的过程中，应该对进入集聚区内的企业从技术壁垒、创新性以及在产业链上的优势等方面进行进入限制，以保证产业集聚对产业之间的非正式交流和创新的贡献。进入限制的目的首先是要为集聚的产业提供以创新、高质量、功能灵活性为特征的良好的工作环境，以及在良好的法规制度下促成企业间自觉发展的合作关系。其次是促成集聚区内企业间合作网络的形成，由于创新的复杂性和不确定性、产品生命周期缩短、需求追求个性化等原因，创新从过去的线性模式向现在的非线性、复合模式转变，单个企业难以在价值链的各个环节保证创新的成功率，而集聚区内的企业通过相互合作、相互学习，通过交互式作用过程，创新的基础和条件要优越于单个孤立的企业，企业在合作与交流中会形成一种不断创新的路径依赖。

（三）技术标准联盟

技术标准的提高对集聚区内任何产出水平的企业而言都会提高其产出效率，而且，满足这个标准的总成本为一种进入壁垒。技术标准导致集聚区内的企业在高于其他私人最小有效规模上生产，一个较高的技术标准将会减少企业的均衡产量。随着网络经济的发展，技术标准联盟成为产业集聚演进过程中的一种客观现象，是产业集群科技创新的重要主体和产业集聚的高级形式。在产业集聚过程中，参与和组建技术标准联盟的企业一般是同行业或相关行业的优势企业，这些企业集聚在一起通过共同研发和技术共享实现产业集聚的技术创新。

技术标准联盟可以形成一种网络组织，能够有效地避免市场或科层组织所存在的问题。在产业集聚过程中，由于资金和技术条件的限制，企业单独进行技术研发要冒较大的风险，一旦失败将要承担巨额的沉没成本。尤其是对技术标准进行市场推广时，需要更多的资源和能力。技术标准联盟作为企业间的网络化系统，可以使得企业在经营活动中积极利用外部规模经济，而且当企业不能充分利用已积累的经验、技术和人才，或者缺乏这些资源时，可以通过参与技术标准实现企业间资源共享，相互弥补资源的不足。并且，在集聚过程中多个企业在技术创新全过程或某些环节共同投入，共同管理，共同分享技术成果，不仅有利于缩短创新周期，而且可以提高研发成功率，降低开发成本，从而降低创新风险。直到其后技术标准的市场推广，辅助产品的配套开发，都需要相关企业的支持与合作。因此，为了分散集聚区内企业在产业标准竞争中的巨大风险，企业有动机发起或加入共同标准联盟。

技术标准联盟在促进产业集聚优化和升级方面具有重要的作用。

在产业集聚过程中通过技术标准联盟引领企业执行特定的标准模式，从而建立良好的产业竞争秩序；相关企业依靠技术标准运作的内在要求，调整相互之间在产品数量上的配比关系，提升产品的质量水平，从而推动产业集群结构的优化和升级。技术标准联盟在产业集聚过程中一个有趣的应用就是对集聚区内新进企业进行严格的技术创新能力审查，这可以被解释为在保证集聚区内原有企业生存能力的同时提升技术创新机制，对产业集聚区而言，这实际上是一种进入壁垒，这种技术创新能力的严格审查可以被视为控制进入的一种政策规制工具。在产业集聚优化升级的意义上，这种技术要求的激励效应在大的方向上会促进产业集聚在技术效率方面的提升。但是必须强调的是技术联盟的标准在产业集聚过程中是很难执行的，这就要求政策规制者能够获得复杂的技术信息。

三 规制政策设计

激发企业自主创新的动力已成为解决中国产业升级问题的关键。但是，在中国现实背景下，产业发展往往以产业集群为载体，强调集聚效应可能部分来自于某种技术创新的地区性技术扩散效应，因此，探讨区域产业集聚的创新动力和产业升级，在政策上需要从产业政策向集聚政策转换。在政策设计上需要强调在产业集聚过程中如何保持公平竞争，让优惠政策普遍惠及更多的企业和倾向鼓励技术创新的企业，通过网络化、集聚化建立和完善区域深度分工与合作。通过前文的分析并基于创新失灵、市场失灵，笔者总结出几点制定产业集聚政策应注意的方面。政策设计的主要内容应重点体现在三个方面：一是经济性规制，这主要涉及政府的直接行为，是一个需要不断放松的过程；二是社会性规制，这主要体现了政府对产业集聚的间接作用，在经济性规制放松的过程中，社会性规制有必要加强；三是激励性规制，相比于传统的规制手段，如价格规制、收益率规制、市场准入、购并限制、纵向约束、专利保护、污染控制等，激励性规制主要给出规制规则和规制政策，使被规制者在感到约束的同时，还有足够的动力去追求与规制政策一致的目标。在新型工业化阶段，促进产业结构升级的产业集聚政策规制也应遵循从"结构主义"向"行为主义"趋势的转变，在集聚过程中企业与企业间的博弈，企业与政府的博弈将成为政策规制的核心内容。这三方面的规制政策都有其侧重点，现实中应该配合使用，但为激励产业集聚创新和实现产业结构升级的目标，经济性规制还是需要不断的放松，同时加强社会性和激励性规制。

（一）经济性规制

经济性规制主要指政府在价格、产量、进入与退出等方面对企业决策所实施的各种强制性制约。具体包括对进入、退出、价格、服务质量以及投资、财务、会计等方面的活动所进行的制约和限制，目的是防止资源配置低效率和确保公平利用。这种规制政策隐含着两个前提假设：一是规制者是仁慈的和公正的，政策目标是追求社会福利最大化；二是信息是完全的，规制者可以了解被规制企业的任何信息，并可根据这些信息作出理性的计算。无论从假设前提还是从其规制的领域、目的和内容来看，产业集聚的经济性政策规制是比较传统的规制方式，是一个需要逐渐放松的过程。

经济规制惯用的政策工具主要包括价格规制、进入退出规制、投资规制、质量规制等。从价格规制来看，政府规制者对集聚区内某一特定产业在一定时期内制定最高限价或最低限价，并规定价格调整的周期。与价格规制比较相似的是质量规制，质量规制的主要目的是保证消费者的健康，是对产品的安全性、准时性、环境效益等方面进行的规制，质量规制往往不是单独实行的，而是把价格和质量相联系，如果集聚区内的企业没有达到被规制的质量标准，规制者就需要降低规制价格水平。价格规制和质量规制对提升产业集聚区的技术创新和产业结构的优化升级都不会产生太大的效应，这种规制对产业集聚是完全没有必要的。

政府为了获得产业集聚的规模经济性，一方面会对集聚区进行进入和退出限制，限制新企业进入集聚区内的产业，但是，为了保证产品供给的稳定性，同时也会限制集聚区内企业随意退出的产业。另一方面为防止重复投资，提升投资质量和效率，会进行投资规制，规制者既要鼓励企业投资，以满足不断增长的产品和服务需求，又要防止企业间过度竞争。无论是进入退出限制还是投资规制，都应该按照前文政策工具所分析的那样，以促进技术创新和产业升级为目的，在这方面政府的直接规制行为是必要的。

总之，经济性规制涉及规制者通过价格、进入、投资等直接干预方式，对企业的决策参数与行为取向进行干预，从而达到政府进行规制的目的。但是，从产业集聚的现实来看，这种直接规制的政策效果不会太明显，随着产业的发展，产业政策也需要不断调整，逐渐向产业集聚政策转变，经济性政策规制也需要向更为间接的方式转变。

（二）社会性规制

外部性和信息不完全是现实经济的常态，外部性会造成私人成本与社会成本、私人收益与社会收益的偏离，信息不完全会引发逆向选择和道德风险，影响公平交易并造成市场的低效率。这也正是社会性规制的基础，其基本工具主要包括税收和补贴、排污权交易、禁止特定行为、营业活动限制、标准认证和检查以及收费补偿制度和信息公开等制度。社会性规制主要是为了对（负）外部性和信息不对称进行控制。产业集聚正是基于外部性而发生的，但是，产业集聚过程和产业集聚区内企业间、企业和政府间以及企业与员工之间都存在严重的信息不对称问题，因此，对外部性尤其是负外部性的规制和建立信息公开制度是产业集聚政策规制重点关注的内容。与经济性政策规制相比，社会性政策规制主要采取比较间接的方式。强化社会性规制，关注产业集聚的公共利益和社会福利的增进，结合上一节的政策工具，在此对产业集聚的社会性政策规制仅限于分析补贴和信息公开两方面。

补贴是政府对外部经济的行为主体给予的优惠和鼓励。由于创新投入成本较高，要激励产业集聚的技术创新行为，提升产业集聚的技术溢出效应，政府一般应向具有创新意识和创新能力的企业提供补贴，以增加技术的外部正效应的实际供给量。另外，技术外部性所带来的技术模仿会对技术创新主体带来投资收益的损害，但是，为了提高技术溢出效应，政府可以通过补贴的方式建立技术模仿交易平台，采用交易的方式让技术模仿合法化，并对技术创新者进行收益的补偿。

信息公开制度是指政府为了有效解决产业集聚的信息不对称问题，可以通过构建信息公开平台和各种服务网络的方式，以中间人的身份参与产业集聚的过程。在信息公开制度方面，首先需要政府间接参与和实施有效监督。政府间接参与产业集聚区的创建与发展，履行中间人、促进者和组织者的职能，加强资源整合，建立由企业、大学、研究机构、商协会以及融资和咨询机构组成的网络，吸引各方主体参与产业集聚的社会网络，为产业集聚区的创新发展提供支持与激励，促进有关行业通过自身努力以实现良性发展。其次是开展各类信息交流活动和公共信息服务，以启发创新思路，激发创新行为。政府应该为推进这方面的合作搭建信息交流平台和提供公共服务，协助企业与供应商、客户和高素质员工之间建立联系，开展形式多样的国际合作，鼓励企业进行对口会谈、到外国企业实地参观，探讨合作机遇，通过加强信息服务以实现资源优化组合和共享，加大为企业服务的力度。

（三）激励性规制

与传统的规制政策不同，激励性规制是在保持原有规制结构的条件下，通过给予受规制企业以竞争压力和提高生产经营效率的正面诱因，激励受规制企业提高内部效率。激励性规制让企业利用信息优势和利润最大化动机，主动提高内部效率、降低成本，并获取由此带来的利润增额。激励性规制的政策工具主要有价格上限、特许投标、区域间竞争、菜单规制、延期偿付率、联合回报率和利益分享规制等。激励性规制的效率主要来自两个方面：一个是给企业施加外来的竞争压力；另一个是提高生产经营的效率。因此，对产业集聚的规制而言，最有效的激励性规制的政策工具是区域间竞争和利益分享规制。

区域间竞争规制则是使特定地区的企业在其他地区企业的刺激下，努力提高自身内部效率的一种规制方式。在促进产业集聚的升级和产业结构优化的背景下，由资本的逻辑主导市场绩效和经济能力的升级应加以转变，区域间的产业集聚升级竞争不仅表现在经济升级方面，而且表现为把经济升级和劳动力社会升级融入同一过程。以往的粗放式产业集聚所产生的环境压力、对经济的不安全感、政府管理的缺失以及不平等的收入分配制度是导致"体面劳动缺口"的主要原因。现阶段的产业集聚在区域间竞争规制方面，应该实现劳动者的体面劳动，产业集聚的升级和产业结构的优化都应从产品间分工转向产品内分工，增进生产的连续性和改善权力的集中化，把保护劳动者基本权益的体面劳动加入区域间竞争规制之中。

利润分享规制可以刺激被规制的各方主体充分发挥规模经济效益，

有效降低经营成本，在互动机制的基础上实现企业与其他主体之间的公平分配。新时期产业集聚的理念强调企业在一些中介服务机构的作用下互动合作以促进创新。但是，从中国诸多的产业集聚区发展状况来看，绝大多数是参与外向型加工的企业，它们之间因竞争而压低成本，集聚区内企业之间缺乏合作。尤其是处在产业链低端的大量产业集群，基本上都陷入了"逐底竞争"的困境。因此，利润分享机制的目的是促成企业联合行动，发挥集体效率，增强学习效应，促进产业联系，创造更具有竞争力的投资环境，以及激励本地创新性企业的成长。在此基础上，政府应该构建创新型企业家和科技人才等行为主体之间的合作关系网络，形成一个促进创新的产业社区，在产业社区内通过知识共享、利润分享实现产业的技术创新。

参考文献

Amiti, Mary. "Regional Specialization and Technological Leapfrogging." Trobe University Discussion Paper, 1998.

Arrow K. "The Production and Distribution of Knowledge." In Silverberg, G., Soete, L. *The Economics of Growth and Technical Change: Technologies, Nations, Agents.* Aldershot: Edward Elgar Publishing Limited, 1994, pp. 17-22.

Audretsch, D. B. "Agglomeration and the Location of Economic Activity." CEPR Discussion Paper Series (Industrial Organization), 1974.

Audretesch, D. B. "Agglomeration and the Location of Innovation Activity." *Oxford Review of Economic Policy*, 1998, 14 (2): pp. 18-19.

Audretsch, D. B. and Feldman, M. P. "R&D Spillovers and the Geography of Innovation and Production." *American Economic Review*, 1996, 86 (3): pp. 630-640.

Anselin, L. *Spatial Econometrics: Methods and Models.* Dordrecht: Kluwer Academic, 1988.

Anselin, L. "Space and Applied Econometrics. Special Issue." *Regional Science and Urban Economics.* 1992, 22.

Anselin, L., Florax, R. "Small Sample Properties of Tests for Spatial Dependence in Regression Models: Some Further Results." In *New Directions in Spatial Econometrics*, Edited by L. Anselin and R. Florax. Berlin: Springer-Verlag, 1995, 21-74.

Anselin, L. and Rey, S. "Introduction to the Special Issue on Spatial Econometrics." *International Regional Science Review.* 1997, 20, 1-7.

Anselin, L. *Spatial Econometrics*. Dallas: University of Texas, 1999.

Anselin, L., Kelejian, H. H. "Testing for Spatial Error Autocorrelation in The Presence of Endogenous Regressors." *International Regional Science Review*, 1997, 20, 153-182.

Akerlof, G. A. "Social Distance and Social Decisions." *Econometrica*. 1997, 65, 1005-1027

Anselin, L. "GIS Research Infrastructure for Spatial Analysis of Real Estate Markets." *Journal of Housing Research*, 1998a, 9, 113-133.

Arthur, W. B. "Increasing Returns, Competing Technologies and Lock-in by Historical Small Events: The Dynamics of Allocation under Increasing Returns to Scale." *Economic Journal*. 1989, 99, 116-131.

Anselin, L., Griffith, D. "Do Spatial Effects Really Matter in Regression Analysis." Papers, Regional Science Association, 1988, 65, 11-34.

Aten, B. "Evidence of Spatial Autocorrelation in International Prices." *Review of Income and Wealth*, 1996, 42, 149-163.

Anselin, L. "Estimation Methods for Spatial Autoregressive Structures." Regional Science Dissertation and Monograph Series 8. Ithaca, New York: Cornell University, 1980.

Anselin, L., Bera, A. "Spatial Dependence in Linear Regression Models with an Introduction to Spatial Econometrics." In *Handbook of Applied Economic Statistics*, Edited by A. Ullah and D. E. A. Giles, New York: Marcel Dekker, 1998, 237-289.

Bai, C. E., Y. Du, Z. Tao and S. Y. Tong. "Protectionism and Regional Specialization: Evidence from China's Industries." The University of Hong Kong Mimeo, 2002.

Buckley, P., Clegg, J. and C. Wang, 2007. "Is the Relationship between Inward FDI and Spillover Effects Linear? An Empirical Examination of the Case of China." *Journal of International Business Studies*, Vol. 38, pp. 447-459.

Bivand, R. "Regression Modeling with Spatial Dependence: An Application of Some Class Selection and Estimation Methods." *Geographical Analysis*,

1984, 16 (1), 25-37.

Blommestein, H. "Specification and Estimation of Spatial Econometric Models: A Discussion of Alternative Strategies for Spatial Economic Modeling." *Regional Science and Urban Economics*, 1983, 13, 250-271.

Blommestein, H. "Elimination of Circular Routes in Spatial Dynamic Regression Equations." *Regional Science and Urban Economics*, 1985, 15, 121-130.

Bockstael, N. E. "Modeling Economics and Ecology: The Importance of a Spatial Perspective." *American Journal of Agricultural Economics*, 1996, 78, 1168-1180.

Basu, S., Thibodeau, T. G. "Analysis of Spatial Autocorrelation in Housing Prices." *The Journal of Real Estate Finance and Economics*, 1998, 17, 61-85.

Case, A., Rosen, H. S. and Hines, J. R. "Budget Spillovers and Fiscal Policy Interdependence: Evidence from the States." *Journal of Public Economics*, 1993, 52, 285-307.

Can, A. "GIS and Spatial Analysis of Housing and Mortgage Markets." *Journal of Housing Research*, 1998, 9, 61-86.

Conley, T. G. "Econometric Modeling of Cross-sectional Dependence." Ph. D. Dissertation. Chicago: Department of Economics, University of Chicago, 1996.

Asqrnemont, Claud & Menis Jacquemin, "Cooperation and Noncooperation R&D in Duopraty with Spillovers." *The American Economic Review*, Vol. 78, No. 5 (1988), pp. 1133-1137.

Dumais, G., G. Ellison, and E. Glaeser. "Geographic Concentration as a Dynamic Process." *Review of Economics and Statistics*, 84 (2): 193-204.

Duranton, G., and H. G. Overman. "Testing for Localization Using Micro-Geographic Data." *Review of Economic Studies*, 2005, 72 (4): 1077-1106.

Duranton, G. and D. Puga. From Sectoral to Functional Urban Specialization. Discussion Paper 2971, Centre for Economic Policy Research, 2001a.

Duranton, G. and D. Puga. "Nursery Cities: Urban Diversity, Process Innovation, and the Life Cycle of Products." *American Economic Review*, 2001b, 91 (5): 1454-1477.

Duranton, G. "Labor Specialization, Transport Costs, and City size." *Journal of Regional Science*, 1998, 38 (4): 553-573.

Driscoll, J. C. and Kraay, A. C. Consistent Covariance Matrix Estimation with Spatially Dependent Panel Data, *Review of Economics and Statistics* 80: 549-560.

Durlauf, S. N. Spillovers, "Stratification and Inequality." *European Economic Review*. 1994, 38, 836-845.

Doreian, P. "Linear Models with Spatially Distributed Data, Spatial Disturbances or Spatial Effects." *Sociological Methods and Research*, 1980, 9, 29-60.

Dubin, R. "Spatial Autocorrelation and Neighborhood Quality." *Regional Science and Urban Economics*, 1992, 22, 433-452.

Eaton, J. and Z. Eckstein. "Cities and Growth: Theory and Evidence from France and Japan." *Regional Science and Urban Economics*, 1997, 27 (4-5): 443-474.

Ellison, G. and E. L. Glaeser. "The Geographic Concentration of Industry: Does Natural Advantage Explain Agglomeration." *American Economic Review*, 1999, 89 (2): 311-316.

Ellison, G. and E. L. Glaeser. "Geographic Concentration in U. S. Manufacturing Industries: A Dartboard Approach." *Journal of Political Economy*, 1997, 105 (5): 889-927.

Ethier, W. J. "National and International Returns to Scale in the Modern Theory of International Trade." *American Economic Review*, 1982. 72 (3): 389-405.

Fujita, M., Krugman, P., Venables, A. J. *The Spatial Economy Cities, Regions, and International Trade*. Cambridge/Massachusetts/London: The MIT Press, 1999, pp. 241-302.

Fujita, M. and Thisse, J. F. *Economics of Agglomeration*. Cambridge: Cambridge University Press, 2002, pp. 35-74.

Fujita, M. and H. Ogawa. "Multiple Equilibria and Structural Transition of Nonmonocentric Urban Configurations." *Regional Science and Urban Economics*, 1982, 12 (2): 161-196.

Fujita, M. and J.-R. Thisse. *Economics of Agglomeration: Cities, Industrial Location, and Regional Growth.* Cambridge University Press, 2002.

Fujita, M. and T. Tabuchi. "Regional Growth in Postwar Japan." *Regional Science and Urban Economics*, 1997, 27 (6): 643-670.

Frees, E W. "Assessing Cross-Sectional Correlation in Panel Data." *Journal of Econometrics.* 1995, 69, 393-414.

Fiebig, D. G. "Seemingly Unrelated Regression." In Baltagi (ed.). *Companion in Theoretical Econometrics.* Oxford: Basil Blackwell, 1999.

Gao, Ting. "Regional Industrial Growth: Evidence From Chinese Industries." *Regional Science and Urban Economics*, 2004, 34 (1): 101-124.

Ge Ying. "Regional Inequlity, Industry Agglomeration and Foreign Trade, the Case of China." Working Papers, University of International Business and Economids, China, 2003.

Golley, J. "Regional Patterns of Industrial Development during China's Economic Transition." *Economic Transition*, 2002, 10 (3): 761-801.

Grossman, G. M. and E. Helpman. *Innovation and Growth in the Global Economy.* Cambridge, Mass: The MIT Press, 1991.

Galina, H. and C. Long. "What Determines Technological Spillovers of Foreign Direct Investment: Evidence from China." Federal Reserve Bank of San Francisco Working Paper Series, 2007, No. 2006-13.

Geoghegan, J., Wainger, L. and Bockstael, N. "Spatial Landscape Indices in a Hedonic Framework: An Ecological Economics Analysis Using GIS." *Ecological Economics.* 1997, 23, 251-64.

Glaeser, E. L., Sacerdote, B. and Scheinkman, J. A. "Crime and Social Interactions." *Quarterly Journal of Economics*, 1996, 111, 507-548.

Goodchild, M F. *Spatial Autocorrelation.* Norwich, UK: GeoBooks, 1986.

Hanson, G. H. "Scale Economies and the Geographic Concentration of Industry." *Journal of Economic Geography*, 2001, 1 (3): pp. 255-276.

Hilpert, U. *Regional Innovation and Decentralization: High Tech-industry and Government Policy*. London and New York: Routledge, 1991, pp. 116-117.

Henderson, J. V. and Hyoung Gun Wang. "Urbanization and City Growth: The Role of Institutions." *Regional Science & Urban Economics*, 2007 (37): 283-313.

Haaland, J., H.-J. Kind, K. Midelfart-Knarvik and J. Torstensson. "What Determines the Economic Geography of Europe?." CEPR Discussion Paper, No. 2072. 1999.

Hanson, G. H. "Scale Economies and the Geographic Concentration of Industry." *Journal of Economic Geography*, 2001, 1 (3): 255-276.

Hanson, G. H. "Increasing Returns, Trade, and the Regional Structure of Wage." *Economic Journal*, 1997, 107: 113-133.

Harris, C. "The Market as a Factor in the Localization of Industry in the United States." *Annals of the Association of American Geographers*, 1954, 64: 315-348.

Helsley, R. W. and W. C. Strange. "Matching and Agglomeration Economies in a System of Cities." *Regional Science and Urban Economics*, 1990, 20 (2): 189-212.

Helsley, R. W. and W. C. Strange. "Agglomeration Economies and Urban Capital Markets." *Journal of Urban Economics*, 1991, 29 (1): 96-112.

Helsley, R. W. and W. C. Strange. "Innovation and Input Sharing." *Journal of Urban Economics*, 2002, 51 (1): 25-45.

Henderson, J. V. "Efficiency of Resource Usage and City Size." *Journal of Urban Economics*, 1986, 19: 47-70.

Henderson, J. V. "Marshall's Scale Economies." *Journal of Urban Economics*, 2003, 53: 1-28.

Henderson, J. V. "Medium Size Cities." *Regional Science and Urban Economics*, 1997a, 27: 583-612.

Henderson, J. V. "Ways to Think about Urban Concentration: Neoclassical

Urban Systems versus the New Economic Geography." *Internal Regional Science Review*, 1996, 19 (1) 31-36.

Henderson, J. V. "Externalities and Industrial Development." *Journal of Urban Economics*, 1997b, 42: 449-470.

Holmes, T. J. and J. J. Stevens. "Geographic Concentration and Establishment Scale." *Review of Economics and Statistics*, 2002, 84 (4): 682-691.

Holmes, T. J. "Localization of Industry and Vertical Disintegration." *Review of Economics and Statistics*, 1999, 81 (2): 314-25.

Hoover, E. M. "The Measurement of Industrial Localization." *Review of Economics and Statistics*, 1936, 18 (4): 162-171.

Hu, Dapeng. "Trade, Rual-urban Migration, and Regional Income Disparity in Development Countries: A Spatial General Equilibrium Model Inspired by the Case of China." *Regional Science and Urban Economics*, 2002, 32 (3): 311-338.

Hordijk, L. "Problems in Estimating Econometric Relations in Space." Papers, Regional Science Association, 1979, 42, 99-115.

Huang, J. S. "The Autoregressive Moving Average Model for Spatial Analysis." *Australian Journal of Statistics*, 1984, 26, 169-178.

Imai, H. "CBD Hypothesis and Economies of Agglomeration." *Journal of Economic Theory*, 1982, 28 (2): 275-299.

Isard, W. *Location and Space Economy*. New York: John Wiley, 1956.

Ioannides, Y. M. "Trading Uncertainty and Market Form." *International Economic Review*, 1990, 31, 619-38.

Ioannides, Y. M. "Evolution of Trading Structures." In *The Economy as an Evolving Complex System* II. Edited by Arthur, W. B., Durlauf, S. N. and Lane, D. A. Reading. MA: Addison-Wesley, 1997, pp: 129-167.

Jacobs, J. *The Economy of Cities*. New York: Random House, 1969.

Jaffe, A., M. Trajtenberg, and R. Henderson. "Geographic Localization of Knowledge Spillovers as Evidenced by Patent Citations." *Quarterly Jour-*

nal of Economics, 1993, 108: 577-598.

Jian, Tianlun, J. D. Sachs and A. M. Warner. "Trends in Regional Inequality in China." NBER Working Paper, No. 5412, 1996.

Jorgenson, D. W. *Technology and Capital Formation.* Cambridge, Mass: The MIT Press, 1989.

Jovanovic, B. "Learning and Growth." in David M. Keps and Kenneth F. Wallis (eds.). *Advances in Economics and Econometrics: Theory and Applications*, Volume 2. Cambridge: Cambridge University Press, 1997: 318-339.

Krugman, P. "Increasing Returns and Economic Geography." *Journal of Political Economy*, 1991b, 99 (3).

Krugman, P. R. "How the Economy Organize Itself in Space: A Survey of the New Economic Geography." In Paul, D., William, C., Bridge, K., *Why Distance Doesn't Die: Agglomeration and It's Benefit.* London: Greater London Authority City Hall, 2006: 17.

Kaldor, N. *Further Essays on Economic Theory.* London: Duckworth, 1978.

Keeble, D. and E. Wever. *New Firms and Regional Development in Europe.* London: Croom Helm, 1986.

Keller, W. "Geographic Localization of International Technology Diffusion." *American Economic Review*, 2002, 92: 120-142.

Kelejian, H. H., Robinson, D. P. Infrastructure Productivity Estimation and Its Underlying Econometric Specifications: A Sensitivity Analysis. Papers in Regional Science. 1997, 76, 115-131.

Kelejian, H, Prucha, I. A. "Generalized Spatial Two Stage Least Squares Procedure for Estimating a Spatial Autoregressive Model with Autoregressive Disturbances." *Journal of Real Estate Finance and Economics*, 1998, 17, 99-121.

Kim Y, D. L. Barkley and M. S. Henry. "Industry Characteristics Linked to Establishment Concentrations in Non-metropolitan Areas. *Journal of Regional Science*, 2000, 40: 231-259.

Kim, S. "Expansion of Markets and the Geographic Distribution of Economic

Activities: The Trends in U. S. Regional Manufacturing Structure, 1860-1987. " *Quarterly Journal of Economics*, 1995, 110 (4): 881-908.

Kim, S. "Labor Specialization and the Extent of the Market. " *Journal of Political Economy*, 1989, 97 (3): 692-705.

Krugman, P. *Geography and Trade.* Cambridge, MA: MIT Press, 1991.

Krugman, P. *Development, Geography, and Economic Theory.* Cambridge, MA: MIT Press, 1995.

Krugman, P. "Space: the Final Frontier. " *Journal of Economic Perspectives*, 1998, 12, 161-174.

Kelejian, H. , Prucha, I. A. "Generalized Moments Estimator for the Autoregressive Parameter in a Spatial Model. " *International Economic Review.* 1999, 40, 509-533.

Kelejian, H. H. , Robinson, D. P. "A Suggested Method of Estimation for Spatial Interdependent Models with Autocorrelated Errors, and An Application to a County Expenditure Model. " *Papers in Regional Science.* 1993, 72, 297-312.

Liu, X. , Buck, T. "Innovation Performance and Channels for International Technology Spillovers: Evidence from Chinese High-tech Industries. " *Research Policy*, 2007, (36): 1329-1354.

Marshall, A. *Principles of Economics.* London: Macmillan, 1920.

Martin, P. and Ottaviano, G. P. "Growth and Agglomeration. " *International Economic Review*, 2001, 42 (4): pp. 947-968.

Olmo, J. C. "Spatial Estimation of Housing Prices and Locational Rents. " *Urban Studies.* 1995, 32, 1331-1344.

Ord, J. K. "Estimation Methods for Models of Spatial Interaction. " *Journal of the American Statistical Association.* 1975, 70, 120-126.

Ord, J. K. Getis, A. "Testing for Local Spatial Autocorrelation in the Presence of Global Autocorrelation. " *Journal of Regional Science*, 2001, 41: 411-432.

Pace, R. K. , Barry, R. "Spatial Statistics Toolbox 1. 0. Real Estate Research Institute, Panel Data. " *The Review of Economics and Statis-*

tics. 1998, 80, 549-60.

Pinkse, J., Slade, M. E. "Contracting in Space: An Application of Spatial Statistics to Discrete-choice Models." *Journal of Econometrics*. 1998, 85, 125-54.

Paelinck, J., Klaassen, L. *Spatial Econometrics*. Farnborough: Saxon House, 1979.

Quah, D. "Spatial Agglomeration Dynamics." CEPR DP 3208 Working Paper, 2002.

Richard Baldwin et al. *Economic Geography and Public Policy*. Princeton: Princeton University Press, 2002, pp. 190-223.

Rey, S. J., Anselin, L. "Regional Science Publication Patterns in the 1990s." *International Regional Science Review*, 2000, 23, 323-344.

Romer, P. M. "Increasing Returns and Long-run Growth." *Journal of Political Economy*, 1986. 94 (5): 1002-1037.

Rosenthal, S. S. and W. Strange. "Evidence on the Nature and Sources of Agglomeration Economies." In Henderson, J. V. and J.-F Thisse (eds.). *Handbook of Regional and Urban Economics*, Vol 4. North-Holland: Amsterdam, 2004.

Rosenthal, S. S. and W. C. Strange. "The Determinants of Agglomeration." *Journal of Urban Economics*, 2001, 50 (2): 191-229.

Salop, S. C. "Monopolistic Competition with Outside Goods." *Bell Journal of Economics*, 1979, 10 (1): 141-156.

Sembenelli, Alessandro & Siotis, Georges, 2005. "Foreign Direct Investment, Competitive Pressure and Spillovers. An Empirical Analysis of Spanish Firm Level Data." CEPR.

Segal, D. "Are There Returns to Scale in City Size?" *Review of Economics and Statistics*, 1976, 58: 339-350.

Shefer, D. "Localization Economies in SMSAs: A Production Function Analysis." *Journal of Regional Science*, 1973, 13: 55-64.

Song, S., G. S.-F Chu and R. Cao. "Intercity Regional Disparity in China." *China Economic Review*, 2000, 11: 246-261.

Stigler, G. J. "The Division of Labor is Limited by the Extent of the Market." *Journal of Political Economy*, 1951, 59 (3): 185-193.

Surico, P. "Geographic Concentration and Increasing Returns." *Journal of Economic Survey*, 2004, 17: 693-708.

Sviekauskas, L. "The Productivity of Cities." *Quarterly Journal of Economics*, 1975, 89: 393-413.

Vernon, R. "International Investment and International Trade in the Product Cycle." *Quarterly Journal of Economics*, 1966, 80: 197-207.

Weber, A. *Theory of the Location of Industries*. Chicago: Chicago University Press, 1929.

安虎森：《空间经济学》，经济科学出版社 2005 年版。

陈秀山、张可云：《区域经济理论》，商务印书馆 2004 年版。

陈晓玲、李国平：《我国地区经济收敛的空间面板数据模型分析》，《经济科学》2006 年第 5 期。

陈晓玲、李国平：《地区经济收敛实证研究方法评述》，《数量经济技术经济研究》2007 年第 8 期。

陈建军：《中国现阶段产业区域转移的实证研究——结合浙江家庭企业的问卷调查报告的分析》，《管理世界》2002 年第 6 期。

陈建军：《中国现阶段的产业区域转移及其动力机制》，《中国工业经济》2002 年第 8 期。

陈羽：《市场竞争与外商直接投资技术转移——来自中国制造业的证据》，《财经研究》2005 年第 10 期。

陈旭：《基于产业集群的技术创新扩散研究》，《管理学报》2005 年第 3 期。

陈昭、欧阳秋珍：《反向技术溢出、技术进步和我国经济增长——基于面板协整模型的分析》，《世界经济研究》2010 年第 9 期。

段会娟：《知识溢出的测度方法综述》，《科技进步与对策》2010 年第 3 期。

范剑勇：《产业集聚与中国地区差距研究》，上海人民出版社 2008 年版。

范剑勇：《长三角一体化、地区专业化与制造业空间转移》，《管理世界》2004 年第 4 期。

樊福卓：《地区专业化的度量》，《经济研究》2007 年第 9 期。

符淼：《技术溢出的空间计量和阈值回归分析》，华中科技大学 2008 年博士学位论文。

薄文广：《外部性与产业增长——来自中国省级面板数据的研究》，《中国工业经济》2007 年第 1 期。

胡珑瑛、蒋樟生：《产业集聚的分形研究》，《管理世界》2007 年第 3 期。

何大安：《产业规制的配置效率与生产效率》，《经济学家》2009 年第 5 期。

韩伯棠、李燕：《技术溢出：知识产权保护与社会福利研究》，《经济与管理》2008 年第 10 期。

韩颖、李丽君、花园园、孙志敏：《我国 7 个产业的产业间 R&D 溢出效应纵向比较分析》，《科学学研究》2010 年第 4 期。

何一峰：《转型经济下的中国经济趋同研究——基于非线性时变因子模型的实证分析》，《经济研究》2008 年第 7 期。

洪银兴：《自主创新投入的动力和协调机制研究》，《中国工业经济》2010 年第 8 期。

金煜、陈钊、陆铭：《中国的地区工业集聚：经济地理、新经济地理与经济政策》，《经济研究》2006 年第 4 期。

李平、张庆昌：《国际间技术溢出对我国自主创新的动态效应分析——兼论人力资本的消化吸收》，《世界经济研究》2008 年第 4 期。

李哲、马君：《FDI 技术溢出效应问题研究综述》，《金融发展研究》2010 年第 3 期。

梁启华、何晓红：《空间集聚：隐性知识转移与共享机理与途径》，《管理世界》2006 年第 3 期。

梁琦、钱学风：《外部性与集聚：一个文献综述》，《世界经济》2007 年第 2 期。

梁琦：《产业集聚论》，商务印书馆 2004 年版。

李剑、沈坤荣：《研发活动对经济增长的影响——大中型工业企业的面板协整动态 OLS 估计》，《山西财经大学学报》2009 年第 3 期。

李小平、朱钟棣：《自主 R&D、技术引进和生产率增长——对中国分行业大中型工业企业的实证研究》，《数量经济技术经济研究》2007 年第 7 期。

吕政、刘勇、王钦：《中国生产性服务业发展的战略选择——基于产业互动的研究视角》，《中国工业经济》2006 年第 8 期。

刘志彪：《论以生产性服务业为主导的现代经济增长》，《中国经济问题》2001 年第 1 期。

刘新同：《我国大中型企业 R&D 活动特点实证分析》，《工业技术经济》2006 年第 11 期。

刘淑华：《高新技术产业知识溢出对装备制造业发展影响的研究》，哈尔滨理工大学 2009 年硕士学位论文。

林青、陈湛匀：《中国技术寻求型跨国投资战略：理论与实证研究——基于主要 10 个国家 FDI 反向溢出效应模型的测度》，《财经研究》2008 年第 6 期。

梅丽霞、柏遵华、聂鸣：《试论地方产业集群的升级》，《科研管理》2005 年第 5 期。

宁军明：《知识溢出与区域经济增长》，经济科学出版社 2008 年版。

牛冲槐、王聪、郭丽芳、樊燕萍、芮雪琴：《科技型人才聚集下的知识溢出效应研究》，《管理学报》2010 年第 1 期。

皮永华：《区域技术创新扩散与经济增长收敛——基于长三角地区的实证研究》，《南京财经大学学报》2008 年第 2 期。

邱晓华、郑京平、万东华等：《中国经济增长动力及前景分析》，《经济研究》2006 年第 5 期。

饶宝红、徐维祥、陆央央、沈阳松：《长三角地区城市化水平提升及对策研究》，《经济问题探索》2006 年第 6 期。

任志安、王立平：《知识生产函数研究的演进与发展》，《经济理论与经济管理》2006 年第 6 期。

石奇：《集成经济原理与产业转移》，《中国工业经济》2004 年第 10 期。

随洪光：《国际技术扩散与经济增长——基于市场结构的理论与经验分析》，《经济评论》2009 年第 3 期。

沈坤荣、孙文杰：《市场竞争、技术溢出内资企业 R&D 效率——基于行业层面的实证研究》，《管理世界》2009 年第 1 期。

苏卉：《高新技术业代工合作中知识转移运行机制与效率研究》，上海交通大学 2008 年博士学位论文。

汤清、付强：《我国高技术产业间技术溢出同化能力的测算与分析》，《科技进步与对策》2010 年第 3 期。

汤学兵：《新经济地理学理论演进与实证研究述评》，《经济评论》2009 年第 2 期。

陶厚永、刘洪：《知识共享机制对群体绩效的影响研究》，《科研管理》2008 年第 2 期。

王丽霞：《浙江产业集群的生成机制》，《农村经济与科技》2006 年第 12 期。

王缉慈：《地方产业群战略》，《中国工业经济》2002 年第 1 期。

王英、刘思峰：《国际技术外溢渠道的实证研究》，《数量经济技术经济研究》2008 年第 4 期。

王昌林：《FDI 与产业科技竞争力比较实证研究》，《工业技术经济》2007 年第 11 期。

王昌林：《技术溢出效应与企业自主创新》，《科技管理研究》2007 年第 4 期。

王立平：《我国高校 R&D 知识溢出的实证研究——以高新技术产业为例》，《中国软科学》2005 年第 12 期。

王岚、王凯：《基于认知模式的企业集群知识转移研究》，《科学学与科学技术管理》2008 年第 2 期。

王英、刘思峰：《中国 ODI 反向技术外溢效应的实证分析》，《科学学研究》2008 年第 4 期。

魏江、魏勇：《产业集群学习机制多层解析》，《中国软科学》2004 年第 1 期。

夏万军：《中国区域经济收敛机制研究》，《商业经济与管理》2009 年第 9 期。

徐瑛、陈秀山、刘凤良：《中国技术进步贡献率的度量与分解》，《经济研究》2006 年第 8 期。

杨公仆:《产业经济学》,复旦大学出版社 2005 年版。

杨洪焦、孙林岩、吴安波:《中国制造业聚集度的变动趋势及其影响因素研究》,《中国工业经济》2008 年第 4 期。

杨洵、师萍:《员工个人隐私知识扩散条件与激励》,《中国海洋大学学报》2005 年第 4 期。

杨浩威、何建敏、李国良:《基于错位博弈的企业隐性知识流作用机制研究》,《科学学与科学技术管理》2008 年第 5 期。

袁诚、陆挺:《外商直接投资与管理知识的溢出效应:来自中国民营企业家的证据》,《经济研究》2005 年第 3 期。

岳芳敏:《集群企业创新与路径研究——以广东传统产业集群为例》,《学术研究》2007 年第 7 期。

张聪群:《产业集群互动机理的研究》,经济科学出版社 2007 年版。

张昕、李廉水:《我国城市间制造业劳动生产率差异的解释》,《中国软科学》2006 年第 9 期。

张杰、刘志彪:《套利行为、技术溢出介质与我国地方产业集群的升级困境与突破》,《当代经济科学》2007 年第 3 期。

张危宁、朱秀梅、柳青、蔡莉:《高技术产业集群创新绩效评价指标体系设计》,《工业技术经济》2006 年第 11 期。

张倩肖:《外商直接投资、市场竞争及对我国制造业技术外溢效应》,《经济学家》2007 年第 3 期。

张玉明、李凯、聂艳华:《技术溢出、企业集聚与区域经济增长》,《东北大学学报》(社会科学版) 2008 年第 1 期。

彭连清:《我国区域经济增长溢出效应研究》,暨南大学 2008 年博士学位论文。

张明喜:《我国高新技术产业开发区 R&D 投入的贡献研究——基于 Panel Data 的经验分析》,《研究与发展管理》2010 年第 2 期。

张愉、綦良群:《高新技术产业知识溢出的作用机理研究》,《科技与管理》2010 年第 3 期。

张乾峰、蒋其发:《产业政策与产业规制:相互关系及研究趋势》,《湖北科学》2009 年第 9 期。

赵自芳:《技术溢出与区域经济收敛:基于模型的分析》,《技术经济》

2006年第6期。

左萌、徐舒：《国际技术扩散与经济收敛：一个文献综述》，《经济经纬》2009年第6期。

周亚虹、朱保华、刘俐含：《中国经济收敛速度的估计》，《经济研究》2009年第6期。

郑江淮、高彦彦、胡小文：《企业"扎堆"、技术升级与经济绩效——开发区集聚效应的实证分析》，《经济研究》2008年第5期。

朱英明：《论产业集群的创新优势》，《中国软科学》2003年第7期。

朱有为、徐康宁：《中国高技术产业研发效率的实证研究》，《中国工业经》2006年第11期。

后　记

　　记得在 2008 年寒假前，我的博士导师惠宁教授让我写一篇关于产业集聚的文献综述，这时我才在这方面开始摸索。老实讲，读博士快一学期了，我还处于找不到方向的状态。2008 年 10 月 13 日，克鲁格曼因在"贸易模式上所做的分析工作和对经济活动的定位"而获得了当年的诺贝尔经济学奖。也正是这样一篇类似于寒假作业性质的东西和追赶诺奖的热潮决定了我接下来的研究方向。在梳理文献的过程中我才发现有那么多国内外的大家在这个领域奋斗了这么多年，作出了那么大的贡献。在产业集聚的核心概念中，"货币外部性"和"技术外部性"深深地吸引了我，克鲁格曼对货币外部性非常看重，但对技术外部性却不以为然？带着这个疑问，我开始观察现象，大量收集中国产业集聚区和产业集群的资料，尤其是把关注点放在了国家级高新技术产业开发区层面，试图了解知识密集型产业集聚对技术外部性是否有依赖？另外，对大地理范围的产业集聚研究已经非常丰富，相比之下，较小范围的产业集聚即城市经济学意义上产业集聚的研究则更为重要和有意义。于是，我便开始了对产业集聚技术溢出问题的研究，也顺利地完成了博士论文。

　　在博士毕业之后，前辈们劝我尽快从博士论文里开发出一些有价值的成果，比如申报国家级的课题、出版成书等，但我总觉得不够成熟、透彻。在 2014 年陕西省社会科学后期资助项目的支持下，我对博士论文进行了调整和修改：在第一章中增加了关于产业集聚的现象与事实。集聚的现象在我们的生活中随处可见，不研究它的人可能不会注意它们，就像我们小区周围的饮食一条街、水果蔬菜早市一样，觉得一切都再正常不过了，不会想得太多。本书从现象和事实出发，让读者对产业集聚现象形成初步了解，只有这样，他们才能有兴趣深究产业集聚现象背后的意义。

产业的空间选择就像加朋友圈一样，我为什么要选择和你们在一起，而不是他们？我们在一起后都享受到了什么好处？这些好处真真切切地享受到了吗？我们是否能够更长久地在一起？因此，带着这些问题，我在本书的第二章中增加了关于产业集聚优势与困境的分析，旨在揭示产业集聚的动力源泉，并从技术溢出的角度对产业集聚的可持续性进行剖析。在这一部分还增加了一些关于产业集聚优势的案例、产业集聚困境的案例和产业集聚动力的案例，这些案例都是在网络上筛选出来的，觉得相对比较典型，比如"青岛1919文化产业园为何盛极而衰"，这就是中国产业集聚困境中最常见的现象，文化产业一时兴起，各地一哄而上搞产业园，其实集聚并没有真正发生，而是像案例中所描述的那样，被一些最基础、最基本的因素所阻挡。这样不成功的集聚在中国应该不胜枚举。

在这些现象和案例的启发下，我觉得有个很深的问题值得思考：产业到底应该怎样集聚？城市应该怎样发展？这是两个密切相关的问题。其实仔细想一想，这些也是和我们每个人息息相关的，因为这些会影响我们的就业机会、工资收入、物价水平、交通运输成本、生活环境、社区服务甚至人际交往和日常交流等。无论从社会收益还是个人收益来看，有效率的产业集聚和精明的城市增长都是大家所期待的。本书主要研究城市经济学意义上的产业集聚问题，因此，把城市精明增长和产业集聚结合起来分析，具有非常重要的意义。在第七章关于产业政策的分析中，笔者增加了城市精明增长的理念部分，试图为产业集聚政策的制定提供理论前提和约束条件，也期望能够为政策制定指明方向。

整体来讲，本书和博士论文有着很大的不同，为了增强其可读性，本书在语言方面作了修改，并且增加了很多对现实的描述和案例介绍。

本书虽在博士论文基础上做了很大修改，但仍以博士论文为主体框架。在博士论文写作的过程中，我觉得获益最大的是学会了相信与尊重，观察与质疑；学会了尊重事实与规律，尊重他人的努力及思想，尊重一切的独特性；学会了从专业的角度观察现象并有理有据、符合逻辑地提出质疑，明白了创新的重要性和冷静反思的不可或缺。

时隔这么久，对集聚问题我依旧热爱，本书付梓出版，其中也凝结了很多人的智慧与辛劳，在此表示真诚的感谢，感谢大师和前辈们的经典之作给予我的启发，研读那些著作和文章使我体会到了难以言表的快乐和幸福；感谢长期以来鼓励和鞭策我的师长和前辈们，他们在学术方面对我的耳提面命，使我有信心在这条道路上继续前行；感谢爱人和孩子，没有自由和包容的家庭气氛，我无心学术，感谢你们的理解、陪伴和分担。

最后，还要感谢2013年陕西省社会科学基金项目（后期资助项目：13HQ020）给予的支持。

张晓宁
杨凌　西北农林科技大学
2014年7月28日